AEO 制度概论

严玉康　陈文珊　著

图书在版编目(CIP)数据

AEO 制度概论/严玉康,陈文珊著. —上海:立信会计出版社,2018.1(2024.1重印)
ISBN 978-7-5429-5660-6

Ⅰ.①A… Ⅱ.①严… ②陈… Ⅲ.①国际贸易—认证—概论 Ⅳ.①F74

中国版本图书馆 CIP 数据核字(2018)第 008940 号

策划编辑　　赵志梅
责任编辑　　赵志梅
封面设计　　南房间

AEO 制度概论
AEO ZHIDU GAILUN

出版发行	立信会计出版社			
地　　址	上海市中山西路 2230 号	邮政编码	200235	
电　　话	(021)64411389	传　　真	(021)64411325	
网　　址	www.lixinaph.com	电子邮箱	lixinaph2019@126.com	
网上书店	http://lixin.jd.com		http://lxkjcbs.tmall.com	
经　　销	各地新华书店			
印　　刷	苏州市古得堡数码印刷有限公司			
开　　本	710 毫米×1 000 毫米　1/16			
印　　张	14.5	插　　页	1	
字　　数	185 千字			
版　　次	2018 年 1 月第 1 版			
印　　次	2024 年 1 月第 3 次			
书　　号	ISBN 978-7-5429-5660-6/F			
定　　价	36.00 元			

如有印订差错,请与本社联系调换

前　言

进入 21 世纪,世界经济格局发生重大转变,尤其是 2008 年西方金融危机爆发后,世界经济进入大调整、大变革和大转型的时期。从世界范围来看,以中国为代表的发展中国家以中低端制造业为切入点,实现经济快速发展;而以美国、欧盟为代表的发达经济体则陷入经济低增长态势。从中国经济发展状态来看,经过三十多年的改革开放,我国从农业国家迅速发展进入工业国家,并在 21 世纪后成为"世界制造工厂",常年保持两位数的增长。2010 年更一跃成为世界第二大经济体。近年来,我国又推出了"中国制造 2025"和"一带一路"两大战略规划。"中国制造 2025"瞄准智能制造,力争占领高端制造业的制高点,"一带一路"战略则聚焦包容性全球化发展带动世界经济共同增长。中国经济已然成为世界经济最重要的引擎。

伴随着世界经济格局的重大变革,国际产业结构也正发生巨大转变,产业分工的趋势不断加深,以制造业为例,中低端制造业快速流向发展中国家,发达国家则垄断了高端制造业。与此同时,国际贸易快速发展,国际贸易总量大幅增长,贸易全球化趋势已不可逆转。在此背景下,为促进国际贸易发展达成贸易安全与便利的目标,世界海关组织经过一段时间的酝酿和准备于 2005 年 6 月适时推出了 AEO(经认证的经营者)制度。由于 AEO 制度深度切合世界各国对贸易安全与便利的实际需求,因此该制度推出后被迅速推广,美国、欧盟、中国、日本、韩国、澳大利亚等世界各主要经济体均积极响应。在这些经济体不遗余力的推动下,AEO 认证逐渐成为进入这些市场的准入证。而我国作为世界主要的贸易大国之一,同样积极开展了 AEO 制度的研究和实践,并发布了《中华人民共和国海关企业信用管理暂行办法》作为最新的 AEO 认证制度。信用认证制度正式推广,使 AEO 认证实现了标准的规范化与统一化,加之我国加快了与世界各大经济体的AEO互认,为AEO认证企业进入全球市场铺平了道路,AEO认证含金量进一步提升。AEO认证成为贸易及贸易相关企业必备的认证,这也使得包括认证领域及相关从业领域在内的人才需求变得相当迫切。

目前,我国正从经济大国迈向经济强国,"一带一路"战略的顺利实施,使中国处于全球贸易的领军地位。国家对于涉外企业始终秉持扶持的态度。因此,涉外企业完成AEO认证,不但可以获得国内海关优惠和国际互认便利,还可以强化企业内部控制和制度建设,从而获得全方位的竞争优势,在"互联网+"时代获取商业先机。

AEO认证是一项系统工作,其涉及贸易、管理、财务等各个方面。为帮助从业人员和有志于从事涉外企业工作的院校学生掌握AEO知识,增强从业竞争力,我们在行业企业和相关院校的支持下,完成了《AEO制度概论》的著作,并着重从《全球贸易安全与便利标准框架》、AEO制度内含、AEO认证体系、我国AEO认证制度等多个方面进行全方位解析。

本著作在开发和著述过程中,得到了上海市报关协会、上海欣海报关有限公司、上海东海职业技术学院、上海交通职业技术学院、上海商业会计学校等单位的支持和帮助,在此表示感谢。限于作者的水平和制度的演化,书中不当及不完善之处欢迎读者指正。

作　者

2018年1月

目 录

第一章 世界海关组织与《全球贸易安全与便利标准框架》 …… 1
第一节 《标准框架》的产生和实施背景 ………………… 2
一、国际贸易的兴起和发展 ………………………… 2
二、贸易全球化带来的机遇和挑战 ………………… 4
三、经济全球化下的海关及其职能定位 …………… 5
四、世界海关组织出台《标准框架》的缘由 ……… 6
五、《标准框架》在全球的实施情况 ……………… 7
第二节 《标准框架》的内容架构 ……………………… 8
一、《标准框架》的目标 …………………………… 8
二、《标准框架》的内容 …………………………… 9
三、《标准框架》的核心要素 ……………………… 9
第三节 《标准框架》的支柱和技术细则 ……………… 10
一、《标准框架》的两大支柱 ……………………… 10
二、《标准框架》的技术细则 ……………………… 13
章节练习题 …………………………………………… 30

第二章 AEO 制度内容解析 ……………………………… 33
第一节 AEO 的定义和相关概念 ……………………… 34
一、AEO 与 AEO 制度 ……………………………… 34
二、AEO 制度的国内立法转化 …………………… 35
第二节 世界海关组织对 AEO 认证的要求 …………… 37
一、资质 …………………………………………… 37

二、能力 ……………………………………………… 38
　　三、安全 ……………………………………………… 41
　　四、制度 ……………………………………………… 45
第三节　获得AEO认证的利益与挑战 ………………… 45
　　一、企业取得AEO认证的利益 …………………… 46
　　二、我国企业在AEO认证中面临的挑战 ………… 49
第四节　AEO制度在国内外实施状况 ………………… 51
　　一、AEO制度在国外的实施状况 ………………… 51
　　二、AEO制度和国际互认在国内的推进 ………… 52
　　三、AEO互认对外贸企业的影响 ………………… 57
章节练习题 ……………………………………………… 59

第三章　世界各国的AEO认证体系 ……………… 63

第一节　世界主要国家（地区）AEO制度的执行情况 …… 64
　　一、美国C-TPAT制度详解 ……………………… 64
　　二、欧盟AEO制度介绍 …………………………… 70
　　三、韩国、日本AEO制度简介 …………………… 74
第二节　中国实施AEO制度的进程 …………………… 78
　　一、我国AEO制度的沿革 ………………………… 79
　　二、我国《信用管理暂行办法》的主要特色 ……… 83
　　三、我国AEO国际互认工作推进情况 …………… 86
章节练习题 ……………………………………………… 89

第四章　中国海关AEO认证管理体系 …………… 93

第一节　《海关企业信用管理暂行办法》解读 ………… 94
　　一、《信用管理暂行办法》的架构和主要内容 …… 94
　　二、中国海关AEO认证企业标准和达成条件 …… 98
第二节　海关认证企业标准项分析 ……………………… 117
　　一、高级认证企业标准项详解 …………………… 117

二、高级认证企业标准与一般认证企业标准 …………… 134
　章节练习题 …………………………………………………… 139

第五章　AEO认证中常用工具和资料 ……………………… 143
　第一节　社会信用代码编码规则 ………………………… 144
　　一、统一代码的构成 …………………………………… 144
　　二、代码及说明 ………………………………………… 145
　第二节　行业基本分类和代码 …………………………… 146
　第三节　企业绩效评价标准 ……………………………… 165
　　一、绩效评价标准值内容 ……………………………… 165
　　二、盈利能力状况计算公式 …………………………… 165
　　三、资产质量状况计算公式 …………………………… 167
　　四、债务风险状况计算公式 …………………………… 168
　　五、经营增长状况计算公式 …………………………… 169
　　六、补充资料计算公式 ………………………………… 169
　第四节　报关差错率计算 ………………………………… 170
　第五节　加分标准项中相关概念说明 …………………… 175
　　一、外贸出口先导指数和样本企业 …………………… 175
　　二、报关单证企业存单 ………………………………… 179
　　三、海关特殊监管区域 ………………………………… 180
　章节练习题 …………………………………………………… 181

附录一　中华人民共和国海关企业信用管理暂行办法 ……… 184
附录二　中华人民共和国海关企业信用管理暂行办法实施
　　　　相关事项 ……………………………………………… 190
附录三　关于对海关高级认证企业实施联合激励的合作备
　　　　忘录 …………………………………………………… 192
附录四　社会信用体系建设规划纲要 ………………………… 199

第一章

世界海关组织与《全球贸易安全与便利标准框架》

• 内容提要 •

本章主要介绍《全球贸易安全及便利化标准框架》(简称《标准框架》)出台的背景和目的,并对《标准框架》的内容进行全面的解读。AEO制度(Authorized Economic Operator,即经认证的经营者制度)是《标准框架》的核心内容之一,两者密不可分。了解和掌握《标准框架》,对更好地理解AEO制度有十分重要的作用。

第一节 《标准框架》的产生和实施背景

一、国际贸易的兴起和发展

（一）国际贸易及其相关概念

贸易是指在平等互愿的前提下进行的货品或服务交易。国际贸易（International Trade）是指国家（地区）与国家（地区）之间的商品、劳务和技术的交换活动。国际贸易通常也称为世界贸易或全球贸易，是商品和劳务的国际转移。

一般认为贸易行为的出现是由于劳动力的专门化，个体只会从事一个小范畴的工作，所以他们必须以贸易来获取生活用品。最原始的贸易形式是以物易物，即直接交换货品或服务。而货币出现后，贸易开始普遍以金钱作为媒介物。到了现代，非实体货币广泛运用更促进了贸易的繁荣。

人类的贸易行为早在原始社会就已经存在。原始社会末期，原始部落之间由于剩余产品的出现而出现了偶然的物物交换。这种偶然也是必然，是社会生产力发展所决定的。之后，人类社会经历了三次社会大分工，第一次畜牧业从农业中分离出来，第二次手工业从农业中分离出来，第三次商人从社会生产部门中分离出来。每一次的社会大分工都促进了贸易的发展，尤其是专门经营商品贸易和商品交换的商人出现后标志着人类贸易进入快速发展时期。

（二）国际贸易的发展历史

早在奴隶社会和封建社会，国际贸易的初始形态就开始萌芽和发展。在西方，以古希腊为代表的海洋文明中心在商品贸易方面异常活跃，其所处的地中海地区是古代世界国际贸易的中心。当航海技术有一定发展的时候，地中海沿岸的国家便被连接起来，形成了环地中海贸易圈。米诺斯人、腓尼基人、迦太基人和希腊人是活跃在地中海沿岸的主要商人群体,他们控制着地中海地区的贸易。可以说地中海贸易圈是世界古代文明史上最为活跃的贸易圈。在新航路开辟之前,地中海地区一直是欧洲的经济贸易中心,经地中海沟通,非洲、阿拉伯世界等和东方世界的商品、文化相互交换与传播。

在东方,中国历史上著名的丝绸之路也是一条连接亚洲、非洲和欧洲的古代商业贸易路线。一般来讲丝绸之路又分为陆上丝绸之路和海上丝绸之路。陆上丝绸之路形成于公元前2世纪至公元1世纪,汉武帝派张骞出使西域形成其基本干道。陆上丝绸之路直至16世纪仍保留使用,是一条东方与西方之间经济、政治、文化进行交流的主要道路。海上丝绸之路则形成于更早的秦汉时期,发展于三国至隋朝,繁荣于唐宋时期,转折于明清时期。自郑和七次下西洋后,由于明清两朝的海禁导致海上丝绸之路逐渐没落。

到了14世纪,欧洲的文艺复兴、启蒙运动促进了经济文化发展,资本主义的发展萌芽得到确立。18世纪60年代英国开始的工业革命,使资本主义生产完成了从工场手工业向机器大工业的过渡,生产效率得以大幅提高,商品大流通成为必然趋势。1521年,随着葡萄牙航海家麦哲伦完成首次环球航海,哥伦布、达伽马、库克等纷纷开辟新航路。地理大发现带来的新航路进一步打开了贸易通道,促使世界市场的雏形开始形成。同时,地理大发现使欧洲人发现了更多以前未知的地区,并将其纳入自己的殖民体系和世界市场中来。商业贸易也逐步由地区性向全球性过渡,世界贸易获得实质性发展。麦哲伦全球航海线路图如图1-1所示。

进入21世纪,随着世界经济较快增长和经济全球化的深入发展,国际贸易增长明显加速,已经进入新一轮快速增长期。2004年,全球货物贸易名义增长21%,达到25年来的最高水平。在世界经济强劲增长和国际市场对能源、原材料商品需求旺盛的带动,以及美元贬值因素的影响下,全球货物和服务贸易总量2004年近11万亿美元,增速达到20%,保持高速增长态势。国际贸易的高速增

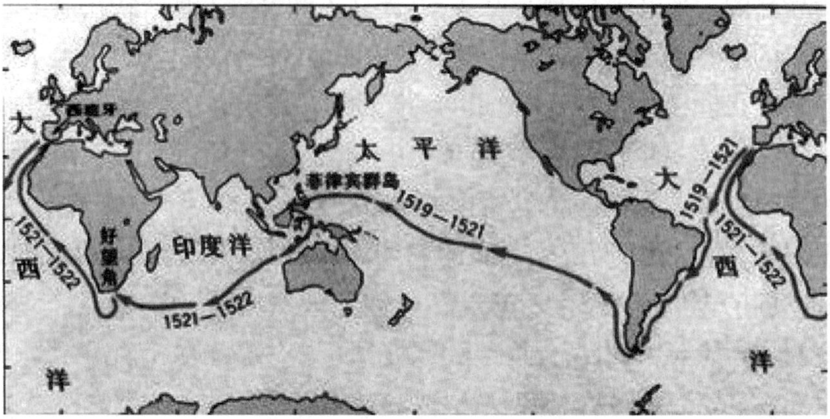

图 1-1　麦哲伦全球航海线路图

长是科技进步、生产力提高、国际分工深化的共同结果,同时,它又促进了世界生产。20世纪90年代以来,国际贸易的增长率连续超过世界生产的增长率,导致世界各国的外贸依存度均有不同程度上升。全球贸易趋势已不可逆转。

二、贸易全球化带来的机遇和挑战

由于科技的进步、生产力提高加上市场经济扩张属性,20世纪80年代世界市场经济全球化开始起步,特别是进入90年代,这一进程大大加快了。市场经济全球化满足了资源和生产要素在全球的合理配置的要求,资本和产品在全球性流动的要求,科技在全球性扩张的要求,是世界经济发展的必然结果。市场全球化也必然带来贸易全球化。市场全球化后生产力和国际分工的高度发展,使得全球贸易变得越发重要。

综观几十年的全球化历程,市场经济全球化给世界各国带来的好处十分明显。从发达国家的角度来说,经济全球化带来了市场和资源,有利于克服市场经济周期性的衰退。从发展中国家的角度来看,经济全球化带来资金技术和先进的管理经验,有力地促进了本国经济的发展。然而,随着全球化不断加速发展,其弊端也越发显现。越来越多的国家,特别是发展中国家融入经济全球化的大潮之中，使世界经济政治形势发生了深刻变化。不同国家、地区间贫富差距的扩大，不同政体、宗教间冲突进一步加深，导致恐怖、暴力活动增加，局部战争多发使国家安全的内涵出现了新的变化。尤其是2001年9月11日美国本土发生系列恐袭事件后，各国纷纷把国家安全上升到优先的位置。在此情境下，海关"守门人"的角色又被重新强调起来，国际社会和各国政府纷纷赋予海关征税、监管、知识产权保护等职能之外的安全保护职能，甚至有的国家直接将海关合并到边境与安全保障部门（如美国）。然而，世界各国很快就发现过分强调贸易安全是以牺牲贸易的便利性，阻碍国际贸易运行为代价的，不利于各国的经济发展。在全球经济一体化的进程给各国带来巨大经济利益面前，如何平衡贸易安全和贸易便利便成为各国面临的重要问题。

三、经济全球化下的海关及其职能定位

海关是负责进出关境监督管理的国家机关，是国家行政机构的重要组成部分。虽然海关在不同国家、不同历史阶段具有不同的职能、性质、地位，但"监管、征税、缉私、统计"四项传统职能是世界绝大多数国家海关都具有的。

历史上海关一直扮演着"国家守门人"的角色，拥有着强大而无处不在的公权力。这种公权力在国际贸易中一度强大到"为干预而干预"，从而为人们所诟病。随着国际贸易的跃进式增长，国际社会逐渐不能接受海关过度干预，提出"干预例外"原则，即只有在法律规定的情况下、只有在确定了危险的情况下，才能进行干预，从此世界贸易一度进入"贸易便利化"盛行的时代。然而美国"9·11"事件突然爆发后，恐怖主义以供应链为突破口威胁各国安全的事实使得各国要求海关重拾"守门人"角色，并在传统职能外赋予海关更多的非传统职能。以我国为例，2007年，全国海关关长会议上就首次提出"7项非传统职能"，即"维护贸易安全与便利、保护知识产权、履行原产地管理职责、协助解决国际贸易争端、实施贸易救济和贸易保障、参与反恐和防止核扩散、负责口岸规划管理"。

在全球化浪潮不可逆转,各国都从中获益的情况下,海关转变观念调整思路,维护国家安全、助力本国经贸成为各国海关的共识。

四、世界海关组织出台《标准框架》的缘由

世界海关组织(World Customs Organization,简称 WCO),其前身为海关合作理事会(Customs Cooperation Council,简称 CCC),是国际性的海关组织,也是世界性的、为统一关税、简化海关手续而建立的政府间协调组织。世界海关组织现有成员 161 个,来自世界各大洲,代表不同的社会经济发展水平。我国于 1983 年 7 月 18 日加入世界海关组织。世界海关组织的标志如图 1-2 所示。

WORLD CUSTOMS ORGANIZATION
ORGANISATION MONDIALE DES DOUANES

图 1-2 世界海关组织的标志

WCO 是唯一世界范围的专门研究海关事务的国际政府间组织,其存在使命就是加强各成员海关的工作效益和提高工作效率,促进各成员在海关执法领域的合作。面对 21 世纪日益突出的国家安全需求和贸易发展需求,WCO 为了推动国际贸易发展,保护世界经济繁荣原动力,不断推出新的措施。美国"9·11"事件后,WCO 在一般意义的贸易便利化基础上特别针对安全问题提出了指南,包括增强风险管理、应用高科技和国际合作三个要素。2014 年,WCO 在指南基础上发展了标准框架,同年 12 月,WCO 政策委员会初步形成了《标准框架》。2015 年 6 月,世界海关合作理事年会通过了该《标准框架》。世界海关组织的大多数成员均表示了启动实施《标准框架》的意愿,中国代表团也正式在实施意向书上签了字。

《标准框架》是世界海关成员经过多方磋商制定的一套兼顾安全和便利,保护日益增长的国际商业和国际贸易的标准。其内容涉及海关的全面业务和全方位的改革方面,描述和规划了现代海关发展的模式和蓝图,指明了未来海关的发展方向,是一次世界海关制度的重大改革。该框架的通过具有里程碑意义,大大促进了世界海关的现代化进程。

五、《标准框架》在全球的实施情况

《标准框架》的标准和实施细则主要来源于世界海关组织已制定的《修订后的京都条约》及其成员比较成功的实践经验。世界海关组织现有166个正式成员,代表了全世界99%的贸易量。目前,已有近百个正式成员签署实施了《标准框架》意向书,有64个成员已实施AEO制度,成员国间签署AEO互认协议的达31个。其中,世界各主要经济体美国、欧盟、日本、韩国等都已通过国内立法并制定实施AEO制度,同时,开展并完成了相互之间的双边互认协议。以韩国为例,韩国海关根据世界海关组织《全球贸易安全及便利化标准框架》,通过国内立法和初期试点工作,于2009年4月正式实施AEO制度,从事进出口、报关、国际仓储、海陆空国际运输等9类业务的企业可申请AEO资格认证。截至2014年年底,韩国海关共认证AEO企业591家,全部通过其海关官方网站公布,三星、现代、LG等知名公司榜上有名。同时,韩国海关积极开展与其他国家的AEO互认谈判。截至2015年,韩国海关已分别与美国、欧盟、日本、中国等国家签订了AEO互认协定,相互向对方AEO企业提供必要的便利措施。

但也有相当部分发展中国家由于在实施框架过程中面临法律基础、通关程序和信息技术运用等能力建设问题,导致进展缓慢。为此,世界海关组织设立了能力建设司为发展中国家提供支持。

我国是贸易大国,外贸也是我国经济发展支柱之一。《标准框架》通过数据交换、预先申报和风险评估等方式,在保证国际贸易供应链安全的基础上简化手续、便利贸易、加强税收,这对我国发展外贸十分有利。因此,我国在签署《标准框架》实施意向书后,迅速开展研究和实践。2008年,我国海关总署发布了第170号令《中华人民共和国海关企业分类管理办法》,将AEO制度具体转化为国内制度。2011年1月1日起实施的197号令《中华人民共和国海关企业分类管理办法》则细化了海关对企业的评估和分类体系。2014年海关总署依据国务院发布的《社会信用体系建设规划纲要》,为适应形势发展需要和执法实践需要及与国际海关接轨的需要,于10月8日发布第225号令《中华人民共和国海关企业信用管理暂行办法》,并于同年12月1日起正式实施。为增强并进一步提高我国企业的国际贸易竞争力,减少贸易壁垒,我国也积极开展与其他国家(地区)的双边互认谈判。截至2017年3月,中国海关已分别与新加坡、韩国、欧盟及瑞士等32个国家(地区)海关签署了AEO互认协议。

第二节 《标准框架》的内容架构

世界海关组织认为国际贸易是世界经济繁荣的原动力。但全球贸易体制很容易被恐怖分子利用,进而破坏世界经济。海关作为监管国际货物流动的政府部门,在加强全球供应链安全,通过征收税款和贸易便利为社会经济发展做贡献上具有独特地位。为此,世界海关组织成员共同制定了《全球贸易安全与便利标准框架》。这是世界海关组织的一项重要战略,其目的在于保护全球贸易安全,加快而不是阻塞贸易流动。

一、《标准框架》的目标

《标准框架》对海关运作模式提出了重大改革意见,旨在提高各国海关应对安全与便利两大挑战的能力。其目标可以归结为：

（1）制定通用标准：制定全球性的供应链安全与便利的标准，提高确定性和可预见性。

（2）建立一体化管理：促成所有运输方式都适用的一体化供应链管理。

（3）增强海关自身建设：从找准角色定位、履行职能作用和提高工作能力方面入手，不断提高海关应对21世纪挑战的能力。

（4）强化关联方合作：加强海关成员间的合作、海关与商界的合作，提高识别高风险货物的能力，促进货物在安全的国际贸易供应链顺畅流动。

二、《标准框架》的内容

《标准框架》的内容主要分为四个部分，分别为：

（1）引言：这一部分主要介绍了《标准框架》制定的背景、目标和原则，对核心要素、战略支柱、宏观益处、能力建设、分步实施和框架结构等进行了说明，强调《标准框架》实施的重要性和必要性。

（2）益处：具体说明采纳《标准框架》将给国家/政府、海关、商界这三方面带来的好处。

（3）标准：这部分是《标准框架》的核心内容，详细介绍了《标准框架》的两大支柱，即支柱一"海关与海关的合作关系"、支柱二"海关与商界的伙伴关系"，并逐条说明每个支柱所对应的具体标准。

（4）附件：包括两部分内容，分别是支柱一、支柱二的技术说明。附件主要阐述各项标准应达到的具体要求。

三、《标准框架》的核心要素

《标准框架》包含四个核心要素，分别是：

第一，《标准框架》统一了对进口、出口和转运货物提前递交货物电子信息的要求。

第二，加入《标准框架》的成员承诺采用一致的风险管理方法来应对安全方面的威胁。

第三,《标准框架》要求,基于可比的风险识别方法,根据进口国的合理请求,出口国海关应对高风险的出口集装箱和货物进行查验,并提倡使用非侵入式检测设备,如大型X光机和放射性物质探测仪。

第四,《标准框架》规定了成员海关要向达到最基本的供应链安全标准并采纳最佳做法的企业提供相应的便利。

第三节 《标准框架》的支柱和技术细则

《标准框架》的主体由支柱、标准和技术细则三者构成,其主要篇幅就是用来描述海关与海关、海关与商界的关系,这两者的关系是支撑整个《标准框架》的基础和核心,因此被称为两大支柱。为了便于各国海关实施和操作,《标准框架》分别为每个支柱制定了相应的标准,并附录的形式发布了对应每个标准的技术细则。

一、《标准框架》的两大支柱

基于《标准框架》确立的四要素,《标准框架》着眼于两大支柱,即建立和完善"海关与海关的合作关系"和"海关与商界的伙伴关系"。他们各自包括了一系列统一的、易于理解和便于在国际上快速实施的标准。

(一)支柱一——海关与海关的合作关系

支柱一包括了11项标准,分别为:一体化供应链管理、货物查验权、查验设备科技化、风险管理系统、高风险货物或集装箱、提前电子信息、布控和交流、绩效管理、安全评估、廉政建设和出口安全查验。这11项标准涉及权限、管理、技术、设备、人员、货物和信息等各个层面。

为使货物和集装箱运输在全球贸易供应链各环节都获得最大程度的安全与便利，建立广泛接受的和统一的国际标准是各国海关开展合作的关键步骤。它为保障国际贸易供应链的安全，应对恐怖主义和其他跨境犯罪活动提供一个有效的机制。支柱一的各标准就是根据修订后的《京都公约》《一体化供应链管理指南》，以及一些成员的有效做法制定的，它为海关之间的合作提供了明确依据。

观察支柱一的11项标准，我们可发现支柱一的核心原则就是运用提前获得的电子信息识别高风险集装箱或货物。通过自动化风险识别手段，海关可在货物到达出口港或在此之前，尽早在供应链中识别高风险货物。

以往海关的传统做法是在货物到达其国内口岸时才实施查验货物。而支柱一要求：海关必须具备在集装箱或货物到达其口岸之前就对货物和集装箱进行查验和筛选的能力。为实施有效查验，同时确保海关手续不阻碍贸易的流通，海关应运用现代技术手段对高风险货物进行查验。这些技术设备包括大型X光机、伽马射线机和放射性物质探测设备，但不仅限于此。通过广泛运用现代技术，保持货物和集装箱的完整正是支柱一所要实现的目标。

总之，支柱一的11项标准其目的在于鼓励海关运用信息技术和先进设备提高查验效率、鼓励海关与其他政府职能部门的协作形成监管合力、鼓励海关与海关之间的信息沟通达到合作互利，从而发挥海关在政府部门中独特的职能及其专业知识，为保护全球贸易安全和贸易便利保驾护航。

（二）支柱二——海关与商界的伙伴关系

支柱二包括了6项标准，分别为：伙伴关系、安全措施、资质认证、技术、交流和便利。涉及企业应执行以海关设定的安全标准为参数的自我评估程序、供应链经营者本身应采取的安全措施等内容包括：海关与商界共同制定认证程序、新技术的运用、海关与商界之间的互动交流和获取贸易便利的条件。

本支柱的目标在于建立一个国际统一的认证制度，对那些能够在供应链不同环节上提供高度安全保障的企业进行识别认证。这些企业应通过建立上述伙伴关系获得切实的好处，如快捷通关或其他便利措施等。

其中，最引人关注的就是确认海关和商界的伙伴关系。标准一所描述的伙伴关系是一种全新概念。伙伴关系原为国际关系学术语，是指在国际交往中，国家间为寻求共同利益而建立的一种合作关系。而世界海关组织将海关与商界的关系定位于伙伴关系，实质是建立一种在相互信任的基础上，双方为了实现共同的目标而采取的互相尊重、友善互利、合作双赢的长期合作关系。这样的关系定位正是基于世界海关组织充分认识到海关与企业在加强国际贸易安全方面都是不可或缺的。一方面，海关通过企业的参与可以要求他们在货物启运地就提高安全标准，使得货物和集装箱安全措施在供应链中大大前移。另一方面，海关还可以依靠商业伙伴强化对贸易环节中存在的风险因素进行评估和识别的能力，这样海关面临的风险就降低了。最大限度地降低风险可以帮助海关在行使安全职能的同时更好地推动便利合法贸易。那些愿意加强供应链安全的企业也从中受益获得更多的便利。海关和商界可以形成双赢的局面。因此，各国海关都应该与企业建立伙伴关系，使其参与到保证国际贸易供应链安全的工作中。

从商界角度来讲，加入海关的伙伴关系，取得 AEO 即"经认证的经营者"地位并得到供应链其他各方的承认也是极为重要的。获得 AEO 认证的企业可以得到各方的信任并获得各项贸易便利措施所带来的竞争优势。比如，AEO 认证企业享受极低的进出口货物查验率（一般认证查验率控制在 2%～3%，高级认证企业低于0.9%），远远低于一般信用企业 6%～10% 的查验率，加快了通关速度。此外，由于建立了一套国际标准，实现了一致性和可预见性，减少了多样而复杂的报告要求，从而为企业节约时间和成本。

《标准框架》两大支柱的构成如表 1-1 所示。

表 1-1

《标准框架》两大支柱的构成

项目	内容	标准
支柱一	海关与海关的合作关系	标准一:一体化供应链管理 标准二:货物查验权 标准三:查验设备科技化 标准四:风险管理系统 标准五:高风险货物或集装箱 标准六:提前电子信息 标准七:布控和交流 标准八:绩效管理 标准九:安全评估 标准十:廉政建设 标准十一:出口安全检查
支柱二	海关与商界的伙伴关系	标准一:伙伴关系 标准二:安全措施 标准三:资质认证 标准四:技术 标准五:交流 标准六:便利

二、《标准框架》的技术细则

《标准框架》对海关与海关的合作关系和海关与商界的伙伴关系列出了明确的标准项和各标准项对应的技术细则。

（一）支柱一：海关与海关的合作关系

支柱一各标准项对应技术细则一览表如表 1-2 所示。

表 1-2

支柱一各标准项对应技术细则一览表

标准项		主要内容及要点
一体化供应链管理	管理范围	作为海关间合作的一部分,海关之间应该互相认可对方的监管/查验结果和经营者安全认证项目
	一般监管措施	海关监管;风险评估;离岗监管;海关封志;单一货物代码
	数据提供	出口货物申报;载货申报;进口货物申报;高风险货物信息交换;"不得装货"和"不得卸货"通知;申报时限;世界海关组织数据模型;单一窗口
	经认证的经营者和供应链	经认证的经营者;经认证的供应链

(续表)

标准项		主要内容及要点
货物查验权		海关应有权对进口货物、出口货物、过境货物(包括仍在船上的货物)或转运货物进行查验
查验设备科技化		尽量使用非侵入式查验设备和放射性探测仪进行查验
风险管理系统	自动选择系统	海关应当在国际最佳做法的基础上建立计算机系统,运用风险管理手段,依靠提前信息和战略情报,识别潜在安全威胁
	风险管理	通过系统地执行有关管理程序及具体操作,海关掌握必要的信息,处理有风险的货物及物流
	《世界海关组织全球信息和情报战略》	做好信息收集、处理和发布形成有效的风险管理体系,支持海关监管和业务运行
	参考资料	提供风险管理的参考文件
高风险货物或集装箱		海关应当运用成熟可靠的方法识别和确定潜在的高风险货物
提前电子信息	计算机化的海关系统	要实现向海关提前提交电子信息传输就要使用计算机化的海关系统
	《京都公约》信息通讯技术指南	根据世界海关组织提供的技术指南开发新系统或完善现有的海关信息通讯技术系统
	经营者系统的运用	海关可以使用经营者的商务系统以获取必要的信息
	电子数据交换标准	海关提供多种电子信息交换方案
	世界海关组织数据模型	企业向海关申报货物时,须以世界海关组织数据模型的数据元为基础,遵守世界海关组织关于数据模型的电子信息规定
	信息通讯技术的安全	为确保信息技术安全战略的效率和有效性,海关应进行风险评估
	数字签名	企业可以向接受并认可该证书的海关提交数字签名的电子信息
	能力建设	海关在开发或建立必要的自动化系统过程中想获得援助,前提是具有实施《标准框架》的政治意愿
	数据保密和数据保护	国家立法制定相应条款,以充分保护海关收集和传输数据的机密性和安全性,规定数据所属的自然人或法人的合法权益

(续表)

标准项		主要内容及要点
布控和交流	《世界海关组织全球信息和情报战略》	该文件第四章对标准化风险评估作了规定
	《世界海关组织标准化风险评估》	该文件为海关引入5个风险指标的集合
	《世界海关组织通用高风险指标》	该文件总体上制定了海关查处违法货物的规范化布控标准体系
	《世界海关组织风险指标海关关员专用手册》	该手册包含了一系列盗版和侵权的高风险因素(包含17项风险指标),有助于一线的海关关员确定存在潜在侵权风险的货物
	法律问题	海关可采取联合布控和筛选等措施,实施此类联合措施的规则和条件通常由双方海关制定
绩效管理		海关应对各项措施的实施情况做出统计报告,世界海关组织应负责整理这些报告。
安全评估		海关应与其他职能部门合作对国际供应链中货物的流动进行安全评估
廉政建设	《修订后的世界海关组织阿鲁沙宣言》	该文件是海关建立反腐败体制的重要行动指南
	人员培训	保证各级别的关员都能定期接受必要的培训,培养必要的技能
出口安全检查	应要求查验	进口地海关可请求出口国海关对集装箱或货物实施查验
	法律问题	《约翰内斯堡公约》和《双边协定范本》等提供法律依据

1. 一体化供应链管理

海关应按照世界海关组织《一体化供应链管理指南》(简称《ISCM指南》)的规定,实施一体化海关监管程序。

1) 管理范围

为实施一体化海关监管程序,海关需要获得相应的法律授权。通过法律授权,海关可以为满足安全风险评估的需要,要求承运人提前以电子方式向海关传输从出口商处得到的数据。此外,为加强供应链的整体安全和加快货物通关速度,一体化海关监管程序中涉及海关在风险评估和海关监管方面进行跨境合作的问题,也需要有相应的法律依据。世界海关组织的有关文件,反映了这两方面的要求。这些文件包括:《关于海关信息收集与传输的国内立法发展指南》《双边协议范本》《关于海关事务行政互助的国际公约》(又称《约翰内斯堡公约》)。作为海关合作的一部分,海关之间应该互相认可对方的监管/查验结果和经营者安全认证项目。

2)一般监管措施

(1)海关监管。修订后的《京都公约》规定,所有进出境货物,包括运输工具,都应接受海关监管。其规定要求,自货物装入集装箱起(非集装箱运输货物,自货物装上运输工具起),至货物到达运抵地,被海关放行为止,有关各方应保障货物的完整。

(2)风险评估。在海关一体化监管链中,为保障安全而实施的海关监管和风险评估,是一个持续的、由多方共同参与的过程,自出口商准备出口货物时起,贯穿于整个确保货物完整性的连贯过程,应力求避免不必要的重复监管。为实现监管结果互认,考虑到《世界海关组织全球信息与情报战略》项目下已制定的一系列制度,各海关当局应同意执行统一的监管及风险管理标准,共享情报和风险信息,交换海关数据。这样做,应当可以预见,将来为了监督各项标准的实施情况而实施联合监控或质量管理程序的可能性。

(3)离港监管。启运地海关必须采取各项必要措施,对供应链中的货物进行识别,对未经授权的进行筛选。对海运集装箱货物的检查、风险评估及其他任何措施,都应该在集装箱装船之前完成。《国际船舶与港口设施安全规则》b1630-37条从广义上规定了港口机构应该采取的措施。另外,供应链各环节有关海关,都应同意运用电子信息系统交换海关数据、监管结果和到港通知等,尤其是被认定为高风险货物的信息。必要的时候,为了能够对高风险货物进行全面筛查,海关应该对其法定授权进行修改。

(4)海关封志。为了实现供应链安全和海关一体化监管,尤其是为了确保货物从装箱到运抵目的地由海关验放这一过程中的绝对安全,海关应该按照修订后的《京都公约》总附约第六章指南中的规定,采取保证封志完好无损的措施。根据国际标准组织的可公开获取的规范——ISO/PAS 17712 标准,这些措施除了包括在集装箱的填装地施加高度安全的机械封志以外,还包括记录封志的施加、变更以及在关键环节(如改变运输方式时)对封志完整性进行确认等程序。

此外,海关应该对那些为确保集装箱货物在供应链中的安全而自愿采取新技术的做法提供便利条件。

(5)单一货物代码(UCR)。各海关应该实施《世界海关组织关于单一货物代码的建议》及其所附指南。

3)数据提供

(1)出口货物申报。出口商或其代理人必须在货物装上运输工具或装入出口集装箱之前,向出口海关提前进行电子申报。出于安全目的,海关要求出口货物提前申报的内容不得超出规定范围。出口商必须以书面形式(最好是以电子形式)向承运人确认已提前向海关递交了出口货物报关单。如果货物出口申报属于不完整申报或简单申报,在有其他需要时(例如,在后续阶段依照国家法律的规定而收集贸易统计数据时),需进行补充申报。

(2)载货申报。承运人或其代理人必须提前向出口及/或进口海关进行货物电子申报。海运集装箱货物提前电子申报应当在货物/集装箱装船前递交。其他货物的申报,应当在运输工具抵达出口及/或进口海关前递交。出于安全目的,海关要求企业提供的申报内容不应超出规定范围。按照国家法律规定,海关可要求事后对提前载货申报进行补充申报。

(3)进口货物申报。进口商或其代理人必须在运输工具到达第一个海关之前向进口海关提前递交进口货物电子数据报关单。出于安全需要,海关要求的信息不得超出规定范围以外的信息。如果货物进口申报为不完整申报或简易申报,在有其他需要时,如在后续阶段依照国家法律的规定而收集贸易统计数据时,则需进行补充申报。经认证的供应链,为将货物进出口信息流整合为单一的进出口申报提供了可能,相关进出口海关之间可共享这些信息。

(4)高风险货物信息交换。作为海关一体化监管链的一部分,供应链上的有关海关必须考虑在海关与海关之间,特别是针对高风险货物,开展数据交换,从而帮助海关进行风险评估和加快通关速度。海关电子数据信息交换系统应当包括交换出口交易情况、海关监管结果和进口到岸通知等。

国家法律必须允许海关将其所掌握的信息提供给其他海关。国家法律没有相关规定的,则必须进行相关的立法。《国家关于海关信息的收集与传输立法发展指南》可以作为国家进行相关立法的基础。此外,世界海关组织已有的文件,如《约翰内斯堡公约》《双边协议范本》等,也可以作为海关开展高风险货物信息互换的基础。

(5)"不得装货"和"不得卸货"通知。海关应该建立一个专门的系统,对不得装、卸的货物签发"不得装货"和"不得卸货"通知。此类通知应该在企业向海关递交风险评估所需的数据后的一个特定时限内发出。

(6)申报时限。向进出口海关递交货物申报的确切时间,应该在对不同地理环境、不同运输方式下各种贸易流程的认真分析,与企业以及其他有关政府机构的磋商之后,在国家法律中明确规定下来。无论其贸易运输方式如何,海关均应为经认证的经营者提供平等的享受简化通关便利的机会。但是,为了在最低程度上确保执法的一致性,避免对不同运输方式的不平等要求,海关要求的提前申报时间,不得早于以下规定:

海运:

——集装箱货物:在离境口岸装船前24小时。

——大宗货物/大宗散货:在运抵目的国第一个口岸前24小时。

空运:

——短途货物:飞机起飞时。

——长途货物:在运抵目的国第一个口岸前4小时。

铁路：

——在运抵目的国第一个口岸前 2 小时。

公路：

——在运抵目的国第一个口岸前 1 小时。

(7) 世界海关组织数据模型。海关应确保其信息技术(IT)系统互相可通用，并且是基于公开标准基础上的。因此，海关应采用世界海关组织海关数据模型，该标准基本包括了进出口手续所需的所有数据项目，还为有关货物申报提供了统一的电子信息格式。前文所述有关安全提前申报所要求的数据要素，也都全部包括在世界海关组织数据模型内。

(8) 单一窗口。政府应当在海关和其他与国际贸易有关的政府机构间建立合作机制，促进国际贸易数据的顺畅流转（单一窗口理念），以及在国家和国际层面上，共享风险情报。在这种机制下，贸易商只需以电子形式向一个指定机构（最好是海关）一次性递交进出口所需信息。在这种模式下，海关应当与全球供应链中的商业运作及信息流转紧密结合。例如，使用发票、购货订单等商业单据作为进出口申报时提交的电子单据。

4) 经认证的经营者和供应链

(1) 经认证的经营者。经认证的经营者在向海关递交符合最低要求的信息以后，应当被授予享受简化、快速通关便利的权利。海关安全标准的内容包括：企业在遵守海关规定方面良好的纪录；企业通过参加海关与商界伙伴关系项目，在保护供应链安全方面有可供证明的承诺；可令人满意的商业账册管理系统。海关与海关之间应当互相认可企业获得的经对方认证的经营者地位。

(2) 经认证的供应链。经认证的供应链是指这样一种供应链：经海关认证，国际贸易各环节的所有参与者在货物及有关信息的处理过程中，都遵守有关指定的要求。在该供应链内，货物从产地到目的地的整个流程，都将享受一体化的进出口简化流程，在简化申报中只需提供最小限度的进出口信息。

2. 货物查验权

海关应有权对进口货物、出口货物、过境货物（包括仍在船上的货物）或转运货物进行查验。

3. 查验设备科技化

海关在条件允许的情况下，根据风险评估的结果，应尽量使用非侵入式查验设备和放射性探测仪进行查验。这类设备对于快速查验高风险集装箱或货物，便利合法贸易的流动是十分必要的。

为帮助各成员，世界海关组织维护着一个关于先进技术的"资料库"，并在一个海关纲要中提供了关于集装箱检测设备购买和操作的详细指南。

4. 风险管理系统

海关应当建立一套自动化的风险管理系统来识别潜在高风险货物。该系统应包括风险评估、风险布控和最佳做法选择机制。

（1）自动选择系统。海关应当在国际最佳做法的基础上建立计算机系统，运用风险管理手段，依靠提前信息和战略情报，识别具有潜在安全威胁的货物和集装箱。海运集装箱货物应在装船前统一使用该系统。

（2）风险管理。风险管理是指"通过系统地执行有关管理程序及具体操作，使海关掌握必要的信息，处理有风险的货物及物流。"

（3）《世界海关组织全球信息和情报战略》。有效的风险管理体系把信息收集、处理和发布作为其重要组成部分，以支持海关监管和业务运行。《世界海关组织全球信息和情报战略》包含了此项情报功能，它和标准化风险评估为海关对货物、运输工具的布控和筛选提供了风险指标。

（4）参考资料。《世界海关组织风险管理指南》《世界海关组织全球信息和情报战略》《世界海关组织标准化风险评估》和《通用高风险指标》是海关领域关于风险管理（和评估）的实用参考资料。

5. 高风险货物或集装箱

高风险的货物或集装箱是指没有充分的信息可以将货物确认

为低风险,同时,战略情报显示为高风险;或运用安全等级评估方法确认为高风险的货物或集装箱。

海关应当运用成熟可靠的方法识别和确定潜在的高风险货物,包括但不仅限于:在货物离境或到达之前的提前电子信息、战略情报、自动化贸易数据、异常情况分析,以及贸易商供应链的安全性。例如,海关与商界的伙伴关系支柱中对启运地安全性的审批和核实,可以降低货物风险和布控的程度。

6. 提前电子信息

海关应要求提前申报货物和集装箱的电子信息,以便及时开展恰当的风险评估。

(1) 计算机化的海关系统。要实现向海关提前提交电子信息就要使用计算机化的海关系统,包括进出口信息的电子交换。

(2)《〈京都公约〉信息通讯技术指南》。修订后的《京都公约》总附约中的标准条款要求海关在海关业务中使用信息通讯技术,包括电子商务技术。为此,世界海关组织为海关应用自动化技术准备了详尽的指南。海关应参照《〈京都公约〉信息通讯技术指南》,开发新系统或完善现有的海关信息通讯技术系统。此外,世界海关组织还推荐海关参考《世界海关组织海关计算机化纲要》。

(3) 经营者系统的运用。《〈京都公约〉信息通讯技术指南》也建议尽可能使用经营者的商务系统,并对其进行审计以达到海关的要求。尤其是在经认证的供应链中,由于海关有可能在线进入相关各方的商务系统,一旦保密或法律问题得到解决,海关就拥有了获取更真实信息的渠道,并可能进一步简化手续。另一例子是在货运服务系统中,运输链中相关方在港口或机场建立了一套电子系统,通过此系统交换所有相关货物和运输数据。只要这些系统包括海关需要的信息,海关应考虑加入,并可按其目的提取所需数据。

(4) 电子数据交换标准。《〈京都公约〉信息通讯技术指南》建议海关提供多种电子信息交换方案。尽管运用国际标准的 UN/EDIFACT 电子数据交换是最佳的方案之一,海关仍应寻求其他选择，如可扩展标记语言（XML）。根据风险的大小，电子邮件和传真都是可行的办法。

（5）世界海关组织数据模型。企业向海关申报货物时，须以世界海关组织数据模型的数据元为基础，遵守世界海关组织关于数据模型的电子信息规定。

（6）信息通讯技术的安全。信息通讯技术的一般运用和在开放性网络中进行电子信息交换尤其需要一个详细的信息通讯技术安全战略。因此，信息通讯技术安全应被视为任何海关供应链安全战略中必不可少的一部分。为确保信息技术安全战略的效率和有效性，海关应进行风险评估。《〈京都公约〉信息通讯技术指南》全面概括了信息通讯技术安全战略，确保信息和信息技术系统及信息处理的可用性、完整性和机密性。例如，如何避免启运或收货信息的互斥。《〈京都公约〉信息通讯技术指南》还为实施该战略提出了多种可供参考的方式。

（7）数字签名。供应链安全战略中信息通讯技术安全的重要因素之一与数字签名有关。数字签名或公钥基础设施安排，可在保护电子信息交换方面发挥重要作用。一体化海关监管链使得贸易商可以提前向出口地和进口地海关提交货物申报。如果企业也能实施数字证书的互认，则对各方都十分有益，这意味着企业可以向接受并认可该证书的海关提交数字签名的电子信息。数字化证书的互认能够在提高安全性的同时为贸易商提供贸易便利，简化通关手续。为此，应鼓励海关尽量实施世界海关组织关于电子传输，以及海关和其他相关管理信息认定的建议书。

（8）能力建设。如果海关在开发或建立必要的自动化系统过程中需要援助，则必须具有实施《标准框架》的意愿。

（9）数据保密和数据保护。只有政府间就必要的数据保密和保护问题进行协商之后，才能开展海关之间或海关要求企业进行的数据交换。为了保护个人隐私权和商业机密，以及允许个人核实本人数据的准确性，许多国家已制定了数据保密和保护的相关法律。

在此方面,国家立法必须制定相应条款,以充分保护海关收集、传输数据的机密性和安全性,且应规定数据所属的自然人或法人的合法权益。

同样,现行的世界海关组织文件,如《约翰内斯堡公约》和《双边协定范本》都包含了数据保护和保密的内容。

7. 布控和交流

海关应进行联合风险布控和筛选,采用统一的风险参数和可兼容的通讯和(或)信息交换机制,这些将有助于未来建立相互承认监管结果制度。

(1)《世界海关组织全球信息和情报战略》。《世界海关组织全球信息和情报战略》第四章对标准化风险评估作了规定。标准化风险评估是情报工作的一个重要部分,为海关关员对货物和运输工具的布控、筛选提供了风险指标。

(2)《世界海关组织标准化风险评估》。《世界海关组织标准化风险评估》文件为海关引入5个风险指标的集合,分别是运输方式、关税保护、毒品及化学前体、安全和其他禁限物品,它们形成了规范化布控的标准。这些集合又进一步被划分为若干风险指标组,并定期更新。

(3)《世界海关组织通用高风险指标》。《世界海关组织通用高风险指标》文件中包含了一系列风险指标,在总体上制定了海关查处违法货物的规范化布控标准体系。文件的指标体系如下:承运人舱单明细、高风险国家的识别、潜在的高风险的货物和运输因素、已知的被藏匿的高风险货物、可能用于恐怖袭击的危险货物清单、可能意味着高风险的因素(例如,集装箱、进口商/出口商、托运人)。这些指标体系也会定期加以更新。

(4)《世界海关组织风险指标海关关员专用手册》——侵犯知识产权的要素。该手册包含了一系列盗版和侵权的高风险因素。这17项风险指标将成为规范化的布控标准,并将有助于一线的海关关员确定存在潜在侵权风险的货物。

(5) 法律问题。海关可采取联合布控和筛选等措施,增强保障货物安全和打击跨境有组织犯罪的有效性。实施此类联合措施的规则和条件通常由双方海关制定。世界海关组织的文件,如《约翰内斯堡公约》和《双边协定范本》包含了支持上述形式的国际或双边合作的条款。

8. 绩效管理

海关应对各项措施的实施情况做出统计报告。其内容包括但不限于:审查货物的数量、高风险货物数量、对高风险货物的查验情况、利用非侵入式查验技术对高风险货物进行查验的情况、利用非侵入式查验技术与人工查验相结合对高风险货物进行查验的情况、利用人工查验方式对高风险货物进行查验的情况、通关时间,以及各项措施取得的成效和带来的负面影响。世界海关组织应负责整理这些报告。

各海关应当收集数据并且将其运用到绩效评估中去,以评估实施《标准框架》的效果。为此,世界海关组织的《货物放行时间研究》是进行评估的适当工具。

9. 安全评估

海关应与其他职能部门合作对国际供应链中货物的流动进行安全评估,并尽快解决发现的问题。

10. 廉政建设

海关和其他职能机构应开展反腐倡廉的活动,并同时查处腐败行为。

修订后的《世界海关组织阿鲁沙宣言》是海关建立反腐败体制的重要行动指南。

全球供应链的安全和便利,要求海关和供应链上其他相关方需拥有受到良好培训和高度积极的员工。海关应当保证各级别的关员都能定期接受必要的培训,培养必要的技能,以实施高效的海关监管并使其胜任在信息化环境下的工作。

11. 出口安全查验

应进口国的合理要求,出口国海关应对出口的高风险集装箱和货物实施查验。

（1）应要求查验。若进口地海关在运用风险评估手段后认为抵达该国任何港口的集装箱或货物可能存在高风险,可请求出口国海关对集装箱或货物实施查验,且最好在装船前实施。

（2）法律问题。在其他的行政安排中,世界海关组织文件,如《约翰内斯堡公约》和《双边协定范本》,为一方海关请求另一方海关实施上述查验提供了可能。

（二）支柱二：海关与商界的伙伴关系

世界海关组织各成员海关和商界认识到了保障供应链安全和促进跨境物流便利化的双重重要性。同时,双方也意识到,加强安全与便利的其中一个方面,另一个方面也会随之得到加强。海关-商界成功伙伴关系的基础取决于几个关键因素,以及双方在这方面对彼此作用和责任的重视。伙伴关系、安全、资质认证、技术、交流和便利六项标准条款为海关-商界的合作提供了具体的引导。

支柱二各标准项对应技术细则一览表如表1-3所示。

表1-3

支柱二的各标准项对应技术细则一览表

标准项		主要内容及要点
伙伴关系	经营者的自我评估	经认证的经营者应当采用自我评估体系,确保其内部政策及操作程序可以保障货物和集装箱的安全
	安全合作措施	海关应当与经认证的经营者共同明确并制定对应的安全合作措施,该措施应当由经认证的经营者贯彻实施
	对认证经营者的商业伙伴的要求	要求经认证的商业伙伴,包括制造商、供货商和销售商愿意遵守《标准框架》中设定的安全标准
安全	准入管理	经认证的经营者应将保障安全的最佳做法纳入到商业操作中,采取安全措施,实施准入管理,强化人防、物防和技防
	自动备份	通过采取必要的自动备份手段,保护商业敏感数据
	人员安全	在本国法律允许的情况下,对雇员进行筛查和评估
	货物信息安全	采取措施,保证货物信息(包括电子和纸质方式)易读、及时、准确,并防止数据被篡改、丢失或错误
	安全培训	举行专门培训,提高雇员识别潜在的安全威胁方面的能力

(续表)

标准项		主要内容及要点
资质认证	制定认证程序	海关应和商界共同制定一套完整的认证程序或者资质鉴定程序,为经认证的经营者提供鼓励机制
	合作与交流	海关应(以各种方式)与商业伙伴合作,积极回应商业伙伴所关注的事宜,通过磋商确定正式交流途径,以保证问题得以妥善的传达、处理和解决
	提供便利	海关应当向全力参与供应链安全的商界伙伴提供其权限范围内所能给予的便利措施,海关之间应对经认证的经营者地位予以互相认可
技术	新技术运用	各方均为使用现代化技术提供便利,各海关应当通过适当增加奖励机制,推动更先进技术的运用
	完善内部制度	经认证的经营者应就货物和集装箱使用高度安全封志和/或其他装置的事宜制定相关内部规定,防止货物受到破坏。海关应制定相应的程序,规定封志的验证方法,以及封志不一致时的操作流程
	开放式对话	海关和经认证的经营者应就共同关注的领域进行开放式对话,寻求更好的方法并从中获益
交流	提供最新信息	海关应经常提供海关-商界伙伴关系项目的最新信息,以推行最低安全标准和供应链安全的最佳做法
	制定沟通程序	海关应与经认证的经营者或其代表协商,制定发生质询或涉嫌海关违规后的沟通程序
	开展常规咨询	海关应致力于在国家和地区层面开展与国际供应链各方的常规咨询,以讨论共同关心的事务
便利	革新申报制度	海关应采取措施,整合、简化与海关有关的通关所需信息的申报过程,以便于进一步便利贸易和识别高风险货物
	建立意见反馈机制	海关应当建立机制,允许商业伙伴对其在保护供应链安全中有重大影响的条款变更,提出不同意见

1. 伙伴关系

国际贸易供应链中的经认证的经营者应当采用自我评估体系,以预先确定的安全标准和最佳做法为参照,以确保其内部政策及操作程序可以保障货物和集装箱在运至海关监管目的地验放前是安全的。

海关-商界伙伴关系项目应在经认证的经营者的商业模式基础上,允许企业根据自身特点灵活制订其安全计划。海关应当与经认证的经营者共同明确并制定对应的安全合作措施,该措施应当由经认证的经营者贯彻实施。

共同制定的海关-商界伙伴关系文件,应根据经认证的经营者的商业模式,以书面的形式和可验证的程序,尽可能保证经认证的经营者的商业伙伴,包括制造商、供货商和销售商,均表达遵守《标准框架》中设定的安全标准的意愿。在风险分析基础上,应当按照与经认证的经营者的相关安全协议中规定的安全程序,对其商业流程和安全措施进行定期检查。

2. 安全

经认证的经营者应将预先确定的保障安全的最佳做法纳入到其现行的商业操作中。经认证的经营者应采取安全措施,保证建筑物和监管场所的内外及周边的安全,实施准入管理,防止未经授权的人员接近企业设施、干扰运输、进入装船码头和货物堆场。

安全供应链中对于设施的准入管理应结合雇员、来访者、销售商等身份识别卡的发放和管理、内墙及外围监控装置,以及对可以接触到公司财产的钥匙、门卡和其他物品的管理。安全供应链中对于设施的准入管理还应及时将到期员工原有的公司身份卡、进入公司及信息系统的授权迅速收回并注销。

应通过采取必要的自动备份手段,保护商业敏感数据。这包括设置个人账户密码并定期更换,接收必要的信息系统安全培训,防止未经授权取得并违法使用信息。

人员安全项目应当在本国法律允许的情况下,与对雇员的筛查和评估相结合。这包括定期对安全敏感职位雇员背景的检查,以及留意雇员的社会和经济情况明显的异常变化。根据经认证的经营者的商业模式,开发必要的安全项目并采取相应措施,提高企业的商业伙伴在供应链上与运输、货物处理、仓储相关业务的诚信度。

应采取措施,保证货物信息(包括电子和纸质方式)易读、及时、准确,并防止数据被篡改、丢失或错误。经认证的经营者和海关将确保商业和安全敏感数据的保密性。提供的信息应仅用于所提供之用途。

经认证的经营者运输或接收货物应确保货物与货运单证相符。经认证的经营者应及时、准确地提供从商业伙伴处收到的货物相关信息。在收发货物之前,必须对发货人和收货人进行确认。

经认证的经营者应举行专门培训,为雇员在保持货物完整,识别潜在的安全威胁方面提供协助。经认证的经营者应使雇员熟悉公司已有的规章,能及时发现并报告可疑情况。

3. 资质认证

海关应和商界共同制定一套完整的认证程序或者资质鉴定程序,为经认证的经营者提供鼓励机制。这将确保企业在安全系统中的投入和实践得到切实的利益。这包括:降低货物风险布控率和查验率,以及加速货物通关等。

海关应(以各种方式)与商业伙伴合作,确定在安全供应链中共同取得的收益。

海关应对经认证的经营者及其授权代表所关注的事宜做出积极回应,通过磋商确定正式交流途径,以保证问题得以妥善的传达、处理和解决。

海关应当向全力参与供应链安全的商界伙伴提供其权限范围内所能给予的便利措施。这些便利措施需经评估并对外公布,且应与其相关义务相一致。

各海关应对经认证的经营者地位予以互相认可。

海关在适当情况下,可以制定或修改有关规定,加速低风险货物的消费或出口的流程。

国际供应链中货物安全不断提高,海关也将从中获益,包括提高情报分析、风险评估的能力,和更准确地布控高风险货物,所有这些都将使资源利用得到优化。

海关和经认证的经营者都将从自我评估与确认中获益。

4. 技术

各方均为使用现代化技术提供便利条件,从而确保货物和集装箱的完整。

经认证的经营者应至少遵守不同国际公约中的现行要求,包括但不限于1972年的《海关集装箱公约》和《TIR证国际公路运输海关公约》(简称《TIR公约》)。

各海关应当通过适当增加奖励机制,进一步推动经认证的经营者自愿使用比机械封志更为先进的技术,来确立和监控集装箱和货物的完整,以及报告集装箱和货物所受的非法介入。

经认证的经营者应就货物和集装箱使用高度安全封志和/或其他装置的事宜制定相关内部规定,防止货物受到破坏。

海关应制定相应的程序,规定封志的验证方法,以及封志不一致时的操作流程。

海关和经认证的经营者应就共同关注的领域进行开放式对话,进而从提高产业标准和集装箱完整技术,以及建立共同的应对集装箱封志破坏预案中获益。

5. 交流

海关应经常提供海关-商界伙伴关系项目的最新信息,以推行最低安全标准和供应链安全的最佳做法。

海关应与经认证的经营者或其代表协商,制定发生质询或涉嫌海关违规后的沟通程序,包括为经认证的经营者或其代理人提供电话号码,使其在紧急情况下可以联络到海关关员。

海关应致力于在国家和地区层面开展与国际供应链各方的常规咨询,以讨论共同关心的事务,包括海关关于企业设施及货物安全的法规、程序和需求。

经认证的经营者应配合海关在上述方面的努力,与海关开展富有意义与识见的对话,确保有关安全项目在维持有益于双方的最低安全标准方面进展顺利。

6. 便利

海关应与经认证的经营者加强合作,最大限度地提供便利,保障源于或通过其关境的国际贸易供应链的安全。

海关应制定和修改相关规定,并采取措施,整合、简化与海关有关的通关所需信息的申报过程,以便于进一步便利贸易和识别高风险货物,并为此采取适当行动。

海关应当建立机制,允许商业伙伴对其在保护供应链安全中有重大影响的条款变更,提出不同意见。

章节练习题

一、填空题

1. 我国海关除了传统职能外还赋予其7项非传统职能,分别是:维护贸易安全与便利、_____、_____、_____、实施贸易救济和贸易保障、_____、负责口岸规划管理。

2. 海关与商界的伙伴关系要求,经认证的经营者应根据自身商业模式,以_____和_____,尽可能保证其商业伙伴均表达遵守《标准框架》中设定的安全标准的意愿。

3. 海关与商界的伙伴关系包括了6项标准,分别为:_____、_____、_____、_____、_____和_____。

4. 《标准框架》着眼于两大支柱,即建立和完善_____和_____。

5. 16世纪航海大发现时期,许多航海家开辟了新的航海线路,他们中的代表人物主要有_____、_____和_____等。

二、选择题(单项选择题)

1. 人类社会的发展经历了三次社会大分工,每一次的社会大分工都促进了贸易的发展,尤其(　　)出现后标志着人类贸易进入快速发展时期。

　　A. 商品　　　　B. 商人　　　　C. 商业　　　　D. 商店

2. 以古希腊为代表的海洋文明中心在商品贸易方面异常活跃,其所处的(　　)地区是古代世界国际贸易的中心。

A. 红海 B. 希腊半岛
C. 地中海 D. 黑海

3. 中国历史上著名的丝绸之路也是一条连接亚洲、非洲和欧洲的古代商业贸易路线,一般包含陆上和( )两条丝绸之路。

A. 海上 B. 水上 C. 沿海 D. 洲际

4. 海关在条件允许的情况下,根据风险评估的结果,应尽量使用非侵入式查验设备和( )进行查验。

A. 放射性探测仪 B. 侵入式查验设备
C. 非破坏性检验设备 D. 非放射性探测仪

5. 为了帮助发展中国家解决实施《标准框架》过程中面临的法律基础、通关程序和信息技术运用等能力建设问题,世界海关组织设立了( )为发展中国家提供支持。

A. 能力建设局 B. 发展中国家司
C. 技术支持司 D. 能力建设司

三、是非题

1. 20世纪90年代以来,国际贸易的增长率连续超过世界生产的增长率,导致世界各国的外贸依存度均有不同程度的上升。
( )

2. 《标准框架》第二部分内容,具体说明采纳《标准框架》将给海关、商界、商业伙伴这三方面带来的益处。 ( )

3. 美国"9·11"事件发生后,各国重拾海关"国家守门人"的角色,赋予海关更多的安全职能。 ( )

4. 《标准框架》规定了成员海关要向达到最基本的供应链安全标准并采纳最佳做法的企业提供相应的便利。 ( )

5. 《全球贸易安全与便利标准框架》主要篇幅就是用来描述海关与海关的合作关系、海关与商界的伙伴关系,这两者的关系是支撑整个《标准框架》的基础和核心,因此被称为两大框架。 ( )

四、论述题

1. 请分析阐述市场经济全球化带来的利弊。
2. 请阐述《标准框架》的目标内容和核心要素。
3. 请简述《标准框架》中两大支柱及其技术细则的主要内容。

第二章

AEO 制度内容解析

• 内容提要 •

本章主要对 AEO 制度做全面的介绍,重点是解读制定 AEO 制度的相关指导原则。世界海关组织根据《标准框架》的规定对 AEO 认证提出指导性原则,各国海关则依据这些指导原则结合本国实际制定自己的 AEO 制度。各国的 AEO 制度内容不尽相同,但其核心原则是统一,都必须符合世界海关组织的指导原则。因此,深入理解和掌握这些指导原则是十分必要的。

第一节　AEO 的定义和相关概念

AEO 制度是《全球贸易安全与便利标准框架》中的核心制度。《标准框架》对每项标准制定了详细的实施细则(又称技术细则或技术性规定)。AEO 制度便是来自于《标准框架》中对第二个支柱即海关与商界关系中关于"伙伴关系"标准的技术细则,技术细则明确提出"共同制定的海关-商界伙伴关系文件应尽可能根据认证经营者(AEO)商业模式,启动书面的可验证的安全步骤和程序,以保证 AEO 的商业伙伴,包括生产商、产品供应商和一般的商人宣布遵守保障全球贸易安全与便利标准框架中各标准条款的意向"。同时,在"资质认证"这一标准中要求"海关当局应和商界代表一起设计一套确认体系或者资质鉴定制度,使企业通过获取经认证经营者资格而得到激励""各海关应对 AEO 地位予以互相承认";另外,在支柱二的其他各项标准,如"安全""技术""交流"等都对 AEO 商业伙伴提出了各方面的具体要求。总之,《标准框架》第二支柱为 AEO 制度的制定做出原则性规范。世界海关组织据此对各国推行 AEO 制度做出了原则性指导,明确了经认证的经营者需要达到的基本要求及海关应给予经认证的经营者的益处。

一、AEO 与 AEO 制度

(一) AEO 的定义

AEO,即"Authorized Economic Operator",意为经认证的经营者。世界海关组织关于 AEO 的定义如下:以任何一种方式参与货物的国际流通,并经海关认可符合世界海关组织或同等供应链安全标准的一方。AEO 包括生产商、进口商、出口商、报关行、承运商、理货人、中间商、港口、机场、货站经营者、综合经营者、仓储业经营者和分销商。

（二）AEO 制度及其内涵

制度，一般的含义是指要求大家共同遵守的办事规程或行动准则。AEO 制度是世界海关组织倡导的，通过海关对守法程度、信用状况和安全水平较高的企业进行认证、认可，并给予其切实便利和优惠措施的一项制度。AEO 制度的基本内涵是，海关以企业为基本合作对象，通过海关为诚信、守法、安全的企业提供最大化的通关便利，建立合作伙伴关系，达到互利双赢的目的，如图 2-1 所示。

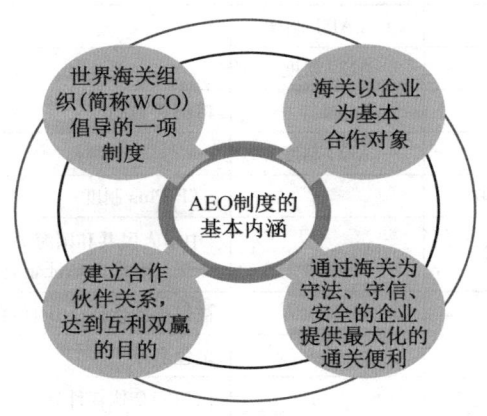

图 2-1 AEO 制度的基本内涵

制度本身是实现某种功能和特定目标的社会组织乃至整个社会的一系列规范体系，其第一要义便是要求成员共同遵守并按一定程序操作。AEO 制度是根据《标准框架》的指导原则制定的，这些指导原则是世界海关组织成员共同制定并获得认可的，因此具有国际统一性和完全操作性，这为各国海关建立 AEO 制度并实施认证互认建立了基础。

二、AEO 制度的国内立法转化

由于《标准框架》只是一个框架性文件，因此各国需要将其转化为国内立法才能具体实施。当前，国际上将 AEO 转化为国内立法的通行做法主要有两种：第一种是新设转化，即设立一项全新的

AEO制度,如美国、欧盟、韩国等;第二种是合并转化,即将某项与AEO制度相类似的国内制度进行修改并加入AEO相关元素,采取这种做法的主要有日本、马来西亚等。无论哪种做法都必须在国内立法中体现《标准框架》中关于AEO制度的实体要求和程序要求。各国AEO制度转化方式和名称一览表如表2-1所示。

表2-1

各国AEO制度转化方式和名称一览表

序号	国别	新设转化	合并转化
1.	美国	C-TAPT制度	
2.	欧盟	AEO制度	
3.	日本		特例通关制度
4.	韩国	AEO制度	
5.	新加坡		STP-Plus制度
6.	中国		《中华人民共和国海关企业信用管理暂行办法》和《海关认证企业标准》
7.	加拿大		被保护的伙伴(PIP)项目
8.	约旦		金色名单
9.	新西兰		出口安全伙伴计划
10.	阿根廷		可靠的经营者制度

我国对AEO制度的国内立法转化采用了合并转化的方式。2005年,我国海关积极响应WCO的倡议签署了实施《标准框架》的意向书,并于2005年到2008年开展了AEO制度转化的研究和实践。2008年我国海关对当时的企业分类管理制度进行了修订,出台了《中华人民共和国海关企业分类管理办法》(海关总署第170号令,简称《企业分类管理办法》)和配套的相关规定,将AEO制度关于守法、贸易安全和海关商界伙伴关系等实体要求,以及贸易便利措施、验证程序等纳入其中,使AEO制度转化为国内制度。《企业分类管理办法》将进出口收发货人和报关企业分成AA、A、B、C、D五个类别,其中AA类企业的标准和条件与WCO的AEO相关要求一致,是中国海关的AEO企业。《企业分类管理办法》及配套

法规的施行,标志着中国海关 AEO 制度已进入正式实施阶段。

第二节　世界海关组织对 AEO 认证的要求

世界海关组织根据《标准框架》的规定对各国海关制定认证制度做出原则指导,从 4 个角度 14 个要素对认证经营者提出要求,如表 2-2 所示。

表 2-2

世界海关组织对认证经营者的要求

序号	标志	认证要求	备注
1.	资质	遵守海关法规的既往记录	
2.	能力	1. 具有对贸易记录管理维护能力 2. 财务保障能力 3. 磋商、合作和沟通能力 4. 人员培训能力 5. 信息保护能力 6. 自动化和高科技应用能力	
3.	安全	1. 货物安全 2. 运输工具安全 3. 经营场所安全 4. 人员安全 5. 贸易伙伴安全	
4.	制度	1. 风险管理和灾后重建制度 2. 测评、分析和改进制度	

一、资质

在考虑授予企业 AEO 资格时,应当首先证明该企业无违反海关法规的纪录。要求 AEO 企业:

(1) 在海关 AEO 制度规定的一段时间内无违反国家海关法规的纪录;否则,不予授予 AEO 企业资格。

(2) 如该企业成立时间不足规定的时间,应当根据其他真实的相关的数据、记录进行判别;或其法人代表或投资人具有在规定的时间段内的可采信的守法纪录。

二、能力

1. 具有对贸易记录实施管理维护的能力

AEO企业应当及时、准确、真实地对其进出口活动进行记录。对真实的商业数据的管理维护是国际贸易供应链安全的基本保障。要求AEO企业:

（1）保证对数据系统的维护,使海关能够对进出口货物进行必要的审计。

（2）根据国家立法,允许海关在对企业监管所必要的数据系统中进行查询。

（3）AEO企业数据的内部进入和管理系统应符合批准海关的要求。

（4）以合适的方式保存与进出口货物相关的授权书、委托证明及许可证,并保证海关能够查询。

（5）根据在国家立法,以合适的方式存档数据,以便根据需要日后向海关提供。

（6）运用足够的信息技术安全措施以保障数据系统不被非法侵入。

2. 财务保障能力

财力保障能力是衡量企业是否有能力实施和改进供应链安全措施的重要的指标。要求AEO企业:拥有可靠的经济能力,从而能够在与其经营性质相适应的各项商业活动中承担职责。

3. 磋商、合作和沟通能力

海关、其他有权机关和AEO企业应当在国际、国内、地方等各层面,在不影响执法的前提下,就诸如供应链安全和便利措施等涉及共同利益的问题定期进行磋商。在海关发展和风险管理战略的实施中应将磋商的结果考虑在内。要求AEO企业:

（1）指派并向海关明示海关所在地联络人或公司联络人，通过公司联络人应当能够立即与海关所在地的联络人取得联系，以便对于海关守法和执法相关的事务进行处理（货物账册、货物追踪、员工信息等）。

（2）单独或通过行业协会，与海关进行开放的连续的数据互换，具有执法敏感性、受法律限制及其他原因不能交换的数据除外。

（3）通过国内 AEO 制度所规定的特定机制，向负责的海关官员报告有疑问的货物证明文件，或非正常的货运信息。

（4）通过国内 AEO 制度所规定的特定机制，及时向海关或其他机构报告所发现的非法的、有嫌疑的，或是不可靠的货物。这些货物应当采取适当的方法进行保全。

4. 人员培训能力

海关和 AEO 企业必须对工作人员就安全政策、安全问题的发现、针对安全漏洞的措施等方面建立培训机制。要求 AEO 企业：

（1）根据其商业性质，尽可能培养工作人员或在必要的情况下培养贸易伙伴就供应链货物运输的风险意识。

（2）就如何识别有嫌疑的货物向所有 AEO 企业相关工作人员，包括安全保卫人员、制单及操作人员，以及收发货人员等提供有教育意义的资料、专家指导以及培训。

（3）对开展的教育、指导和培训进行记录，形成相关的档案。

（4）使员工掌握 AEO 企业发现和报告可疑事件的程序。

（5）就如何保护货物安全、发现内部安全隐患，以及杜绝非法侵入对员工开展培训。

（6）在可行的情况下，根据海关要求使海关熟悉相关的内部信息、安全系统和程序，并协助海关进行针对企业货运、业务操作和办公地点调查方法的培训。

5. 信息保护能力

作为保护信息安全总体战略的一部分，海关和 AEO 企业必须制定和加强相应的安全保护措施，以保证信息不被用于非法用途或避免非授权的修改。要求海关和 AEO 企业：

（1）保证涉及商业及安全敏感性信息的保密性,并确保所提供的信息只用于其被要求提供时所说明的目的。

（2）根据相关的数据保密法规,争取全面、及时地在所有相关单位实施货物放行数据的电子交换。纸质的或亲笔签名的以证实其真实性的数据将不被提倡。

（3）执行国际标准的电子数据格式、递交期限和数据内容;由于安全原因所必需的数据元必须要符合商业运行的要求和限制,并且所要求的与安全相关的数据元不能多于《标准框架》所规定的项目。

（4）海关与 AEO 企业应合作实现以风险评估为目的的电子货物信息的提前申报。要求 AEO 企业：

A. 进口商应采取相应的制度确保货物通关信息的清楚、完整和准确,并避免信息的错位、缺失和错误信息的录入。同样,承运人要运用相应的制度确保仓单所记载内容能够准确地反映出托运人及其代理人向承运人提供的信息,并及时向海关申报。

B. 将信息安全政策、制度或如防火墙、密码等安全控制形成规章以保护企业电子系统不受非授权的侵入。

C. 建立防止信息丢失的制度和备份系统。

6. 自动化和高科技应用能力

AEO 企业和海关将从频繁地运用自动化和信息技术中受益,包括以提高技术为基础的通关优惠,AEO 制度参与者和实施《标准框架》的 WCO 成员使用安全数据入口,简化交易的信息要求,利用提前信息进行安全风险评估(达到提前对仅用电子形式交换的信息进行风险评估的长期目标),以及海关和 AEO 企业收集绩效数据。要求 AEO 企业和海关：

（1）不断完善益处和增加通关激励机制方面共同合作以达到自愿使用更高级别技术,这些益处应在国家 AEO 制度中确定下来。这就要求双方在应用新技术和采取措施有效处理和减轻安全事故的破坏程度方面保持开放对话。

(2)通过安全的电子模式建立机制以识别全球贸易供应链AEO企业和现有已经承诺实施《标准框架》的海关。这就要求双方考虑建立自动化平台,通过该平台、全球互认的基础上,AEO企业能被清楚识别并赋予相应的地位、给予相应的益处。

(3)在通过风险管理达到安全的同时,在法律保障下支持简化与贸易有关的手续的行动和努力,最终通过必要的能力建设实现减少货物放行所需的数据要求,加速处理和放行低风险货物,以及先进技术的使用。这就要求双方通过寻求在全球实施 AEO 制度和其他贸易便利项目来进一步便利与贸易有关的交易。

(4)鼓励收集绩效指标和其他相关数据,以便长期跟踪《标准框架》实施情况和公布认为必要的调查结果。这就要求双方至少为了内部分析的目的收集,关于被批准 AEO 资格的公司的数据和在持续时间内其 AEO 资格对其货运所产生的影响,并可适当向内部或外部公布不涉密的数据。要求 AEO 企业:

A. 采取额外加强措施为集装箱设计高安全性封志和其他为防止非法侵入而设计的装置,前提是这些额外自愿的行动应会使其得到更多的实际的益处。

B. 向海关提供提前电子申报信息,使得海关在尽早环节进行统一标准的风险评估,基于对上述信息的审查,可使海关进一步加快货物放行速度。

三、安全

1. 货物安全

海关和 AEO 企业必须建立和支持保障货物安全及较高级别的准入控制的措施,并指定保护货物安全的日常制度。要求 AEO 企业:

(1)世界海关组织与安全相关的各种指南包含了供应链各环节保障货物安全的具体措施,可参考世界海关组织的指南,为企业制定安全手册或其他可行的指南。

(2)应确保有施加封志责任的 AEO 企业及其贸易伙伴通过制

定书面的制度而保证适时施加封志并保持运输工具的安全。

（3）确保 AEO 企业及其贸易伙伴施加的封志达到或超过当时的 ISO 标准。

（4）将如何对已装货的集装箱施加封志和检查，以及如何发现和向海关及外国相关机构报告损坏的封志和集装箱形成书面制度。

（5）考虑安全因素，应有专人负责集装箱封志的发放和确保其合法使用。

（6）制定对货运工具，包括对其"准入控制"装置的可靠性进行检查的程序。建议根据不同的货运工具对以下七个部位进行检查：前挡、左侧、右侧、地面、顶/上方、内/外门、外侧/底盘。

（7）通过国内 AEO 制度中规定的特殊机制，定期对其安全和控制制度进行测评，保证非被授权者不能轻易接近货物，以及保证被授权者不能轻易针对货物进行不正当的操作、移动或装卸。

（8）将货物或货运工具在安全的地点保存，并制定相应的制度以便在发现货物和运输工具存放地点被非法侵入时及时向负责的执法官员报告。

（9）商业程序允许的情况下，核实运输货物和装运工具的承运人的身份；如没有这种权利，则快速采取措施以尽快取得相关授权。

（10）在可行的情况下，核对实货与其单据或电子信息，以便在向海关申报时单货相符。

（11）制定在货物储存场所理货和管理的制度。

（12）制定在货物移出储存场所时全面监控货物的管理制度。

（13）制定管理、保护、监控货物运输过程，以及货物移入和移出装运工具过程的制度。

2. 运输工具安全

海关和 AEO 企业必须共同制定其他国内和国际规章未能予以规定的监管制度，以保证装运工具被有效维护和保护。要求 AEO 企业：

（1）在其权利和职责范围内，保证所有装运工具的安全在其供应链中得到有效的保护。

（2）在其权利和职责范围内，保证无人值守的装运工具在供应链中的安全，并在其返回时检查其安全是否受到侵害。

（3）在其权利和职责范围内，确保对所有装运工具的操作人员就保证装运工具和货物在其监管下的安全进行培训。

（4）根据在国内 AEO 制度的规定，要求操作人员及时向指定的企业安全部门和海关报告发现的和有嫌疑的违法事件，以便进一步调查，并且将报告记录在案，以便海关查考。

（5）总结出装运工具上易于藏匿运输非法物品的部位，并对这些部位进行常规检查，保证装运工具内外部舱室、夹层、空隙等的安全。检查后应作记录，并记录所检查的部位。

（6）向海关或其他机关报告一切有嫌疑的、不合常规的，以及确实侵害装运工具安全的行为和事件。

3. 经营场所安全

在征求 AEO 企业意见以及考虑企业遵守其他国际标准的前提下，海关必须根据自身情况，要求企业实施安全保障协议以保护办公建筑的安全，对其内外部及周边的安全环境进行监控。要求 AEO 企业：

（1）根据企业经营模式和风险分析的要求，采取安全措施对办公建筑及其周边安全进行监控，防止对其设施、装运工具、装卸码头及货物存放区域的非法侵入，以保证其负责的供应链环节的安全。如果不能做到准入控制，应采取相应的其他手段。办公环境安全应根据风险情况采取以下措施：建筑物必须有防止非法侵入的设施；必须通过定期的检测和维护保持设施的正常运行；所有的内外部的门、窗和围栏应有锁定装置或采取其他进入监控措施；锁定装置及钥匙必须由管理人员或安全负责人员统一发放；在设施的内外安装充足的照明系统，包括以下区域：出入口，货物搬运和储存地点，围栏及停车场等；在车辆和人员进出口必须有人值守，进行监控或采取其他措施防止非法进入。AEO 企业应当保证需要进入其限制区域的车辆应在专门地点停放,并能够记录车牌号码,以便海关查询;只有经安全识别或被授权的人员,车辆及货物才能够被允许进入设施;设置必要的外围及周边隔离设施;单据或货物的存储区域应设限进入,应当能够有足够措施阻止非被授权或识别的人员进入;制定必要的安全制度,如失窃警报或准入控制系统;应当对限制进入区域进行明示,以便轻易辨认。

(2)根据需要,允许海关查询或使用其保证办公环境安全的监控系统。

4. 人员安全

海关和AEO企业,应在法律允许的范围内,调查相关员工的背景情况。此外,还应采取措施,防止未经授权进入相关设施、交通工具、卸货码头和货物存放地点等有可能影响到供应链安全的场所。要求AEO企业:

(1)在国内法律允许的范围内,在雇佣员工时,采取可能的预防措施,证实他们以前没有与安全相关的、海关或其他刑事犯罪记录。

(2)定期对安全敏感岗位员工的背景进行调查。

(3)拥有员工身份识别程序,要求所有员工携带公司发放的识别卡,确保对员工和单位的唯一认证。

(4)拥有识别、记录和处理未经授权或来历不明的来访者和销售商的程序,如在所有入口处安装照片识别仪和设立登记制度。

(5)及时将到期员工原有的身份识别卡、进入公司及信息系统的授权迅速收回并予以注销。

5. 贸易伙伴安全

海关应当建立一套AEO企业的标准和机制,这样全球供应链安全就可以通过企业自愿提高它们的安全措施从而得到加强,这些可以在国家标准中予以补充规定。要求AEO企业:

(1)必要情况下,在商业模式可能的范围内,AEO企业在与贸易伙伴进行合同谈判时,应鼓励贸易伙伴评估和提高供应链安全,也可在合同中予以明确。此外,AEO企业应保留在加强贸易伙伴的安全方面所作的努力的证明文件,并应海关请求提供相关文件。

(2) 开始签订合同前,对贸易伙伴相关信息进行核实。

四、制度

1. 风险管理和灾后重建制度

为了降低灾难和恐怖袭击的影响,风险管理和灾后重建程序应该包括针对特殊情况的预先计划和应急工作机制的建立。要求AEO企业和海关:

(1) 必要情况下,与相关部门共同研究制订应对恐怖袭击和灾后重建的紧急安全情况的计划。

(2) 人员的定期培训和对应急计划的测试。

2. 测评、分析和改进制度

AEO企业和海关应采取相应的跟踪、测评、分析措施,达到:评估指南的连贯性;确保安全管理制度的完整性和充分性;发现安全管理系统有待提高的方面,从而提高供应链的安全。要求AEO企业:

(1) 根据国内AEO制度的规定,定期对其经营情况的安全风险开展评估并采取适当措施降低这些风险。

(2) 建立和开展安全管理制度的自我评估。

(3) 明文规定自我评估程序和责任方。

(4) 将评估结果、反馈意见及可能提高的工作建议整合在一个计划里,为未来的安全制度的充分性提供参考。

第三节 获得AEO认证的利益与挑战

《标准框架》是建立在四个核心要素的基础上的,和企业获益相关的是最后一项,即关于海关在商界达到供应链安全标准和最佳经验做法后为企业提供相应的便利措施。《标准框架》中的部分技术细则也提供了具体的可供参考的方案。《标准框架》的有效执行将会最终很好地平衡贸易安全和便利的问题。为 AEO 企业提供有形的收益是达到平衡的一项举措。

由于国内法律的限制，海关应将其权限范围内的所能给予的利益予以明确。《标准框架》的支柱二规定了这些利益必须切实可行并且明文规定。这些便利措施必须高于或超过提供给非认证经营者的措施，且不能少于已有的措施。

一、企业取得 AEO 认证的利益

《标准框架》的最终目标是实施世界海关组织国际核心标准。这些国际核心标准可以根据各国实际要求进行补充，并在国内法律中予以确认。但是这些便利措施应该在项目的不同阶段有所调整。以下就是世界海关组织罗列的海关可以提供给 AEO 认证企业的便利措施，其主要来源包括世界海关组织的研究、公约、某些成员海关已实施的项目以及欧盟政策、商界信息等，具体如下。

1. 快速通关，降低转运时间和仓储费用

(1) 减少货物放行的数据项。

(2) 加快货物的放行。

(3) 货物安全查验的最小化。

(4) 在查验环节优先使用非侵入式查验技术。

(5) 适当减少守法良好的 AEO 企业的费用。

(6) 根据实际需要，延长海关办公时间。

2. 为 AEO 企业提供有价值的信息渠道

(1) 在 AEO 企业同意的情况下，将它的信息和联系方式提供给其他认证经营者。

(2) 接受《标准框架》的国家列表。

(3) 公认的安全标准和最佳经验做法列表。

3. 易受阻或危险等级提高时期 AEO 所享有的特别措施

(1) 在安全级别特殊时期，海关给予优先待遇。

（2）边境或口岸关闭或重新开放后的优先通关措施。

（3）危险事件发生后优先向受侵害的国家出口。

4. 优先考虑 AEO 参加任何新的货物通关改革项目

（1）采用以账户为基础的集中通关手续，而不是逐票通关。

（2）简化后续稽查手续。

（3）允许自我稽查或减少海关稽查。

（4）对到港后及结关后货物调查的快速处理程序。

（5）在估征违约金或行政处罚程序中可减轻处罚，瞒骗行为除外。

（6）增加货物进出口的无纸通关。

（7）海关优先答复裁定请求。

（8）允许异地报关。

（9）在海关开始行政处罚程序前，允许其采取补救措施，瞒骗除外。

（10）对未能在限期内缴纳税款的，不对其另外处以罚金或征收违约金，只收取利息。

WCO 清晰地认识到，由于各国情况不尽相同甚至差异巨大，实施《标准框架》和 AEO 项目都不可能统一推进，为此 WCO 成员及秘书处提出以"分阶段"渐进式的方式逐步推进。

本节中所罗列的便利措施是世界海关组织提供给其成员参考的。这并不是一套要求所有海关必须提供的便利措施，它们只是提供了某种参照，这些便利措施能否实施的前提是必须得到所在国海关的认可。因此，各国海关可以根据本国自身的情况，部分或全部向 AEO 企业提供优惠政策。

我国海关充分参考了世界海关组织的意见，并结合当前国情和经济形势，尽可能给予 AEO 企业更多的便利，主要有几个方面：

第一，最直接的一点是，我国海关给予 AEO 企业诸多通关便利措施，包括免担保验放、设立企业协调员、适用较低的进出口货物查验率、不实行银行保证金台账制度等措施，从而减少通关时间和成本，提高通关效率，为企业赢得更多商机和发展机遇。

第二，由于成为 AEO 企业需要达到一定标准和要求，因此 AEO 企业将在内控管理、贸易安全、守法规范等全面得到规范和提高，为企业在市场竞争中取得优势提供帮助。

第三，目前，国家正在积极推进社会信用体系建设，AEO 企业在政府部门、社会、市场的美誉度会提高，将来还会享受到相关部门的联合激励措施。

AEO 制度为企业带来便利如图 2-2 所示。

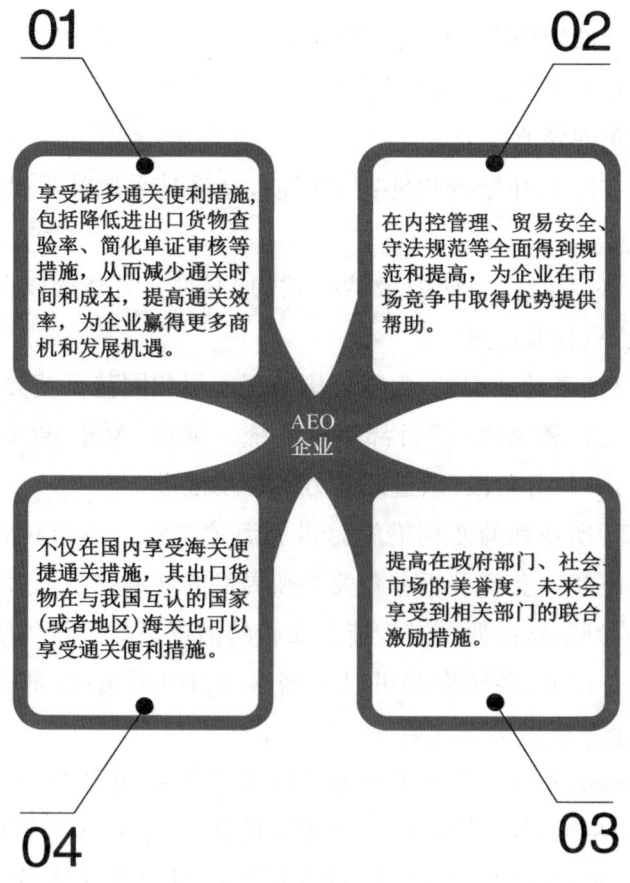

图 2-2　AEO 制度为企业带来便利图

另外，AEO 企业还享有国际互认所带来的贸易便利。除了在国内享受海关便捷通关措施外，AEO企业出口货物在与我国互认的国家（或者地区）海关也可以享受通关便利，包括：减少进口货物单证审核、降低进口货物查验率、进口货物优先办理通关手续、设立海关AEO联络员、非常时期优先处置等。

二、我国企业在AEO认证中面临的挑战

AEO企业享有许多便利，获得更多的竞争优势。无论从国际、国内来看，加入AEO企业都是明智的选择。但由于我国体制、法律、环境等各种因素的影响，企业在AEO认证面前还面临着一些挑战。

（一）AEO认证成本高，中小企业面临申请与忽略的两难困境

WCO倡导的AEO是一个涉及整个货物供应链和企业内部全面管理的认证制度，我国海关要想大规模实现国际互认，必须在现有验证稽查等认证手段的条件下提高认证标准。与此同时，海关认证、国际互认等工作所带来成本是必须考虑的问题，尤其是在我国口岸部门多头管理的情况下，企业认证的费用可能会相当高。由于大型企业通过认证的经济能力远超过中小企业，其愿意参加认证的热情也会超过中小企业。从管理者的角度来讲，我国海关也愿意使大型企业率先通过认证，以便认证在贸易总规模中占有较大的比重，中小企业很难达到"年度进出口总值3 000万美元以上"或"年度报关单及进出境备案清单总量在2万票以上"的硬性指标。

这种贸易条件上的差异，将使越来越多的中小企业处于竞争劣势，最终被挤出国际贸易队伍。但根据发达国家推行AEO的经验和我国海关对企业管理的一贯原则，中小企业应该与其他企业同样享有申请、获得AEO资格的权利。因此，如何帮助供应链上的大、中、小各类企业成为我国AEO是一大难题。

（二）现行法律体制下，AEO企业能享受的优惠政策相对有限

我国海关经过多年转型发展已经牢固树立了"关企合作伙伴关系"的新型服务理念，努力在现行法制、政策允许的范围内最大限度

地为企业提供了便利。各地海关纷纷开展有益的探索和实践。比如,武汉海关的客户协调员制度、湛江海关的信任征管办法、南京海关的守法便利通关改革措施,以及苏州工业园区的"点对点"服务模式等都让A类和AA类企业享受到了最优质的服务。但是在现行法律体制下,优惠政策相对有限。这主要表现在两个方面:一是AEO企业并不享有更多优惠措施。拥有AEO资格的企业享有的优惠措施与没有AEO资格的A类企业几乎是一致的,但AA类资质认定远比A类资质困难且付出的认证成本更大。二是我国海关很多业务还处在以货物管理为主体或两者兼有的监管方式中,如审单、查验、征税等,这种交叉管理模式存在的问题就是各个部门容易各自为政,风险标准设置不统一,经过全面评估的企业在获得AA类等级后,也不能完全获得在各通关业务环节相应的贸易便利,人力和监管资源没有发挥出更大的效益。美国海关实行的C-TAPT制度初期就曾经遇到被企业冷落的现象,因为当时美国海关没能给予被认证者真正的便捷优惠。

(三)企业软硬件投入大,配套人才十分缺乏

根据《标准框架》中的有关规定,供应链各环节涉及的企业和部门必须实现及时、有效、安全的数据交换,即供应链环节上所有单位的相关数据都要实现电子联网交换,而这对于我国企业来讲,技术实现难度非常大。《标准框架》也提出希望物流企业在内部管理方面做出一些改进。例如,企业将使用更先进、更安全的集装箱;企业应当执行以海关设定的安全标准为参数的自我评估程序,确保企业的内部政策和措施能为货物的安全提供一定的安全保证等,为此我国AA类企业必须对集装箱设备进行改造升级。同时,AA类企业还需要大量熟悉AEO的信息技术、管理、财会、报关等各种配套人才。

通过几年的工作实践,我国海关也注意到了AEO认证中企业遇到的困难,尤其是中小企业认证中遇到的门槛高、时间长、难度大的问题。2014年发布的《中华人民共和国海关企业信用管理暂行办法》(海关总署令225号),简称《信用管理暂行办法》本着简政放

权、转变职能的精神,着力简化程序,减少核批环节,缩短办事时限。在申请门槛上,以对企业信用的认定替代以往对企业规模的认定方式,使得中小微企业也能参与 AEO 认证,这也更加符合公平、正义原则和国家支持小微企业发展的政策。

第四节　AEO 制度在国内外实施状况

一、AEO 制度在国外的实施状况

美国"9·11"事件后,为了防止恐怖分子利用全球供应链漏洞控制经济实施恐怖活动,美国开始着手拓宽海关职能尤其是强化其安全职能。2002 年 4 月,美国开始在国内正式实施"海关-商界伙伴反恐"(Customs-Trade Partnership Against Terrorism,简称 C-TPAT)措施。该措施即 AEO 制度诞生的原型。在全世界恐怖主义泛滥对世界各国造成威胁的大环境下,美国依靠其强大的世界地位,强化了世界各国海关对恐怖主义破坏经济发展的共识,推动了 WCO《标准框架》的签署。

作为《标准框架》顺利签署的重要推手之一的欧盟海关给予了积极响应,主动与各主要贸易伙伴就 AEO 制度安全标准和控制结果等进行协调。2006 年,欧盟即主动开始和我国就安全智能贸易开展合作试点工作(简称安智贸项目)。2008 年 1 月 1 日起,欧盟开始推动 AEO 认证。2009 年欧盟海关正式颁布了新的海关细则,并于 2010 年在进出口贸易货物供应链上全面强制推行 AEO 认证。世界几大主要经济体的积极回应和有力行动加速了 AEO 制度的全面推行。

截至 2016 年,各国海关根据《标准框架》的要求都开展了 AEO 制度国内立法措施,其中已有 27 个经济体海关建立了 AEO 制度:中国、中国香港、中国台湾、美国、欧盟、日本、韩国、新加坡、马来西

亚、印度、阿尔及利亚、安道尔、阿根廷、加拿大、哥伦比亚、哥斯达黎加、多米尼加、危地马拉、以色列、约旦、肯尼亚、墨西哥、新西兰、挪威、瑞士、津巴布韦、哈萨克斯坦，合计 53 多个国家（地区），覆盖了全球经济体 95% 以上的 GDP 和贸易体量。

另外，有 8 个经济体海关正在建立 AEO 制度：博茨瓦纳、智利、马其顿、摩洛哥、秘鲁、突尼斯、土耳其、乌拉圭。有 10 个经济体海关建立了与 AEO 项目类似的守法便利项目：巴西、埃及、萨尔瓦多、印尼、卢旺达、塞内加尔、塞尔维亚、坦桑尼亚、泰国、越南。相关内容如图 2-3 所示。

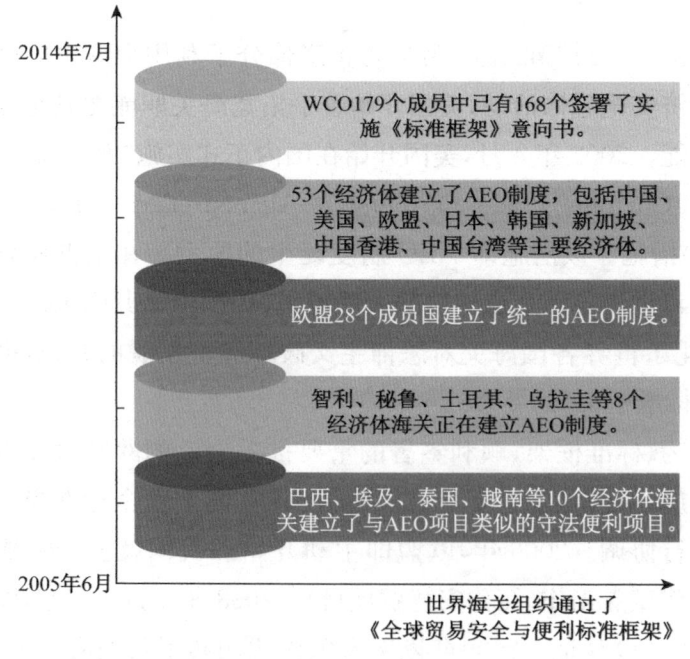

图 2-3　世界海关组织 AEO 制度开展状况图

二、AEO 制度和国际互认在国内的推进

（一）AEO 制度推进情况

我国是世界几大主要经济体中较晚实施 AEO 制度的，其主要原因在于国内缺乏相应的信用体系。但我国海关在签署《标准框

架》实施意向书后迅速展开了研究和实践工作,并于 2008 年颁布《中华人民共和国海关企业分类管理办法》(海关总署 170 号令),开始正式实施 AEO 制度。2014 年,为进一步融入国家信用管理体系,更好地与国际接轨,中国海关对 AEO 制度进行修订升级,制定了《中华人民共和国海关企业信用管理暂行办法》。《信用管理暂行办法》自 2014 年 12 月 1 日起正式实施,这也是目前我们新的 AEO 制度的法律依据。

《信用管理暂行办法》充分融入了世界海关组织《全球贸易安全与便利标准框架》中 AEO 制度的先进理念,并与国家正在推行的社会信用体系建设相结合,明确规定"认证企业"就是中国海关"经认证的经营者(AEO)",适用我国与其他互认国家或地区海关所给予的优惠待遇和通关便利措施。

与其他国家的 AEO 制度相比,我国实施的《中华人民共和国海关企业信用管理暂行办法》契合国情具有自身的特点,主要表现在两个方面:一方面,我国 AEO 制度是以"信用"为核心实施认证管理。我国 AEO 制度是按照国家社会信用体系建设的要求建立起来的,是海关企业信用管理制度的重要内容。我国海关的信用管理制度从制度设计上,与国外海关只划分 AEO 企业和非 AEO 企业的做法有所不同,是根据企业的信用状况,将企业认定为认证企业、一般信用企业和失信企业。其中的认证企业就是 AEO 企业,也是我们俗称的高信用企业。海关严格认证企业内部控制、财务状况、守法及贸易安全情况,只有对通过认证,信用程度高的企业才给予通关监管便利。简单来说,只有诚信守法,才能享受便利。另一方面,信用等级不同,适用的通关待遇也就不同。海关按照"诚信守法便利、失信违法惩戒"原则,以企业信用等级为基础,制定了一套相对完善的差别化管理制度。对 AEO 企业适用通关便利措施,对一般信用企业适用常规管理措施,对失信企业则适用严密监管措施。这套差别化的管理制度,适用于海关事前、事中、事后全过程的管理,并且在全国海关统一执行。同时,依托国家信用体系建设机制,海关会将AEO企业通报各相关管理部门,实施联合激励措施。同时,还会将失信企业通报各相关管理部门,对失信企业实施协调治理和联合惩戒。也就是说,AEO企业在各个管理部门是一路绿灯,竞争优势得到最大的发挥;而失信企业将面临"一处失信,处处受限"的局面。

《中华人民共和国海关企业信用管理暂行办法》的主要内容如图2-4所示。

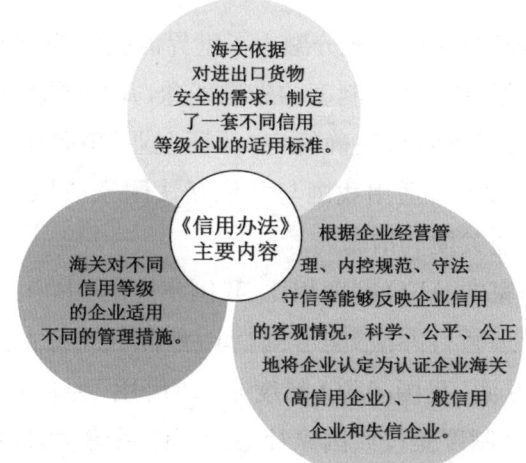

图2-4 《中华人民共和国海关企业信用管理暂行办法》的主要内容

(二)国际互认推进情况

AEO国际互认是指在建立起AEO制度的国家或地区海关之间,对各自认证的AEO企业予以相互认可并给予相应的通关便利措施的一种制度安排,这是减少重复认证并促进国际供应链安全与便利的有效途径。目前,AEO国际互认已成为世界海关开展国际合作的重点项目,越来越多的经济体海关开展了AEO国际互认合作。

我国海关也十分重视AEO的国际互认,稳妥有序地推进工作。在与其他经济体的AEO互认工作上,我国海关始终坚持配合国家"大国为首要,周边国家为重点,发展中国家为基础"的外交工作方针,贯彻以我为主的原则,选取与我贸易量大、执法环境好并且与我合作水平高的主要贸易伙伴以及需要重点支持的国家(地区)作为优先合作对象主动开展工作,开展多种形式的AEO合作。在我国提出"一带一路"国家战略后,海关迅速调整思路,形成了"以落实'一带一路'和支持企业'走出去'战略为出发点,结合国家经济、政治和外交战略要求,有计划、有步骤地推动AEO互认工作,到2020年基本实现布局合理、成效明显的中国海关AEO互认新格局"的工作思路。

我国AEO互认工作的基本思路如图2-5所示。

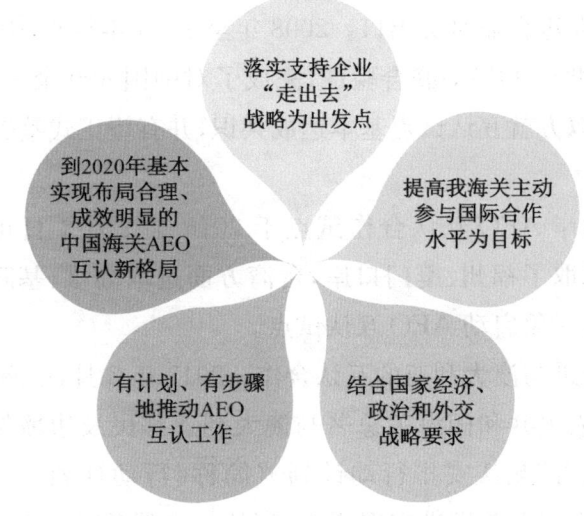

图2-5 我国AEO互认工作的基本思路

在明确的工作原则和工作思想指引下,我国海关自2008年实施AEO制度以来,在AEO互认合作中取得了实质性进展,截至2016年年底已经签署了中新(加坡)、中韩、内地香港和中欧、中瑞(瑞士)共5个AEO互认安排,2016年中国对该5个经济体的出口总额占到中国对外出口总额的约40%。最为引人瞩目的是2015年11月1日正式实施的中国与欧盟AEO互认协议。欧盟连续11年是中国第一大贸易伙伴,中国是欧盟第二大贸易伙伴,中欧贸易额在40年之间惊人地增长了250多倍。2014年,中欧双边贸易额突破6 000亿美元大关。在这一背景下,实现中欧AEO互认,给予双方诚信、守法、安全企业最优惠的通关便利,提升中欧供应链安全便利化水平,符合中欧政府和商界的共同利益,无疑将成为双方经贸合作强有力的"助推器"。中欧AEO互认的签署形成了良好的示范效应,对推动我国与其他国家的互认工作十分有益。

目前,我国海关推进AEO国际互认合作的进展还包括:

一是有序开展中美AEO互认。在供应链安全这一领域,中国海关早在2008年就主动与美国海关开展C-TPAT项目(Customs-Trade Partnership Against Terrorism,即"海关-商界反恐伙伴计划")合作,促进企业对美出口。2008年至2015年年底,中美海关已开展了13批C-TPAT联合验证,完成了对中国400余家企业的验证。目前,双方就互认试点基本达成共识,并有望正式签署AEO互认安排。

二是两岸AEO互认合作试点于2016年1月1日正式启动。大陆方面选取了福州、厦门口岸,台湾方面选取高雄、基隆口岸,以海运货物为对象启动AEO互认试点。

三是推进与澳大利亚的互认合作。2017年3月,中澳海关正式签署《中华人民共和国海关总署与澳大利亚移民及边境保卫部"经认证的经营者"互认安排行动计划》(简称《行动计划》)。《行动计划》明确了中澳海关推进实现AEO互认的步骤及时间安排,标志着中澳海关AEO互认合作正式启动。

四是与"一带一路"重要节点国家和地区积极开展AEO互认合作。已与包括印度、俄罗斯、蒙古、哈萨克斯坦、泰国、埃及、以色列、土耳其等国家启动AEO互认磋商或正在进行前期接触和了解。

五是与我国重要贸易伙伴或签署了自由贸易协定(FTA)的国家积极开展AEO互认合作。已与包括新西兰、南非、巴西等国家启动AEO互认磋商或达成启动磋商的合作共识。

为加快推进AEO互认,我国海关制定了《中国海关AEO互认合作工作规划》,计划于2020年前与我出口贸易量占80%的20个左右国家(地区)海关完成 AEO 互认。

我国 AEO 互认工作的规划如图 2-6 所示。

图 2-6 我国 AEO 互认工作的规划

三、AEO 互认对外贸企业的影响

AEO 认证互认是指在建立起 AEO 制度的国家或地区海关之间,对各自认证的 AEO 企业予以相互认可并给予相应的通关便利措施的一种制度安排,这是减少重复认证并促进国际供应链安全与便利的有效途径,也可以让已经获得对应资质的企业享受到最大的贸易便利化。我国是贸易大国,从国家层面来讲积极推进 AEO 国际互认可以减少贸易壁垒增强国际竞争力,有助于推动企业"走出去"战略。实施 AEO 互认安排后,我国企业在互认海关的通关便利逐步显现。

据统计,内地与香港海关自 2014 年 9 月 1 日在海、陆、空全领域实施互认安排以来至 2015 年 9 月,共有约 1 500 家内地 AEO 企业的 20 余万票货物在香港受惠,查验率仅为 0.94%,只有普通货物查验率的 1/5 左右;中韩 AEO 互认实施后,中国的 AEO 企业出口到韩国的货物,在韩国海关通关速度普遍提高 30% 以上,与韩国贸易量较大的青岛关区 2015 年 1~9 月对韩贸易同比增长 16.7%,其中高级认证 AEO 企业对韩贸易额同比增长 21.2%。

另外,中美之间虽然还未签订互认协议,但从已经开展的中美联合验证的情况观察,通过验证的企业获益十分明显。据这些企业反映:在美入境货物通关时间大幅缩短,通关速度较以往提高 50% 以上;在美通关查验率大幅降低,平均查验率由验证前的 3% 降到 0.7%,其中 32% 的企业货物查验率为零;企业境外物流费用明显减少,70% 的企业在美港口、保险费用平均减幅达 35%;企业守法经营和安全管理认识普遍增强,95% 以上的企业认为参加联合验证有效提升了企业的内部管理、守法自律和贸易安全的认识和能力;企业市场竞争力和形象得到显著提升,60% 的企业输美订单显著增加。

当前,我国外贸出口面临着新形势和新挑战:一是贸易保护主义抬头,尤其是新一届美国新总统选举后,全球贸易保护主义趋势愈发明显。以美国为首的一些国家提出"本国优先"口号,收紧贸易政策停滞贸易谈判,已经影响到了世界贸易发展。二是发达资本主义国家为保护本国利益利用掌握的话语权和规则制造新型贸易壁垒的做法大行其道。三是我国劳动力成本快速上涨,远远高于越南、柬埔寨、马来西亚、印尼等东南亚国家并接近发达国家的劳动力成本水平，低附加值的传统制造业优势明显缩小，而高附加值的高端制造业仍在路上。四是我国正在全面推进的"一带一路"战略面临重大发展节点，国家加快推进企业走出去战略将对我国经济社会发展带来持续影响。

　　为应对这些变化与挑战，中国海关积极将AEO制度实施与落实国家战略紧密结合起来，加快AEO国际互认，尤其是积极推进主要贸易伙伴国AEO互认及与"一带一路"沿线国家和地区海关的AEO合作，促进国际供应链"互联互通"，从而支持外贸企业发展，成为拉动外贸增长的又一助推器。

　　另外，2016年9月，我国又正式成为接受WTO《贸易便利化协定》议定书的成员。根据此协定，各国海关承诺加快实施AEO国际互认，这对我国加快实施AEO国际互认工作提供了有利条件。

章节练习题

一、填空题

1. 海关按照"＿＿＿＿便利、＿＿＿＿惩戒"原则，以企业信用等级为基础，制定了一套相对完善的差别化管理制度。

2. 美国总统特朗普在竞选中提出＿＿＿＿口号，反映了贸易保护主义在全世界抬头的趋势，不利于世界贸易发展。

3. 我国的《信用管理暂行办法》充分融入了世界海关组织《标准框架》中AEO制度的先进理念，并与我国的＿＿＿＿相结合，明确规定＿＿＿＿就是中国海关AEO。

4. 当前，国际上将AEO转化为国内立法的通行做法主要有两种：第一种是＿＿＿＿转化，第二种是＿＿＿＿转化。

5. AEO制度是根据《标准框架》的指导原则制定的，是世界海关组织成员共同制定并获得认可的，因此具有＿＿＿＿和＿＿＿＿。

二、选择题(单项选择题)

1. 《分类管理暂行办法》将进出口收发货人和报关企业分成_____、A、B、C、D五个类别。

   A. S　　　　B. AAA　　　C. AA　　　D. SS

2. 对真实的商业数据的管理维护是国际贸易供应链安全的基本保障。因此，AEO企业应当_____、_____、_____地对其进出口活动进行纪录。

   A. 及时　准确　真实　　　B. 真实　有效　详细
   C. 快速　准确　有效　　　D. 及时　准确　有效

3. 我国正在积极推进的_____建设这一国家战略，不仅可以使沿途相关国家受益，也有利于我国对外贸易的中长期发展。

   A. 新丝绸之路　　　　　　B. 丝绸之路
   C. 一带一路　　　　　　　D. 丝路花雨

4. 海关和AEO企业，应在_____允许的范围内，调查相关员工的背景情况。

   A. 规章制度　　B. 法律　　C. 条件　　D. 文件

5. AEO制度源于《标准框架》中支柱二即海关与商界的_____中关于标准的技术细则。

   A. 伙伴关系　　　　　　　B. 同伙关系
   C. 朋友关系　　　　　　　D. 合作关系

三、是非题

1. AEO认证互认是指在加入世界海关组织的国家或地区海关之间，对各自认证的AEO企业予以相互认可并给予相应的通关便利措施的一种制度安排。（　　）

2. 经济上的可靠性是衡量企业是否有能力实施和改进供应链安全措施的重要的指标。（　　）

3. 在AEO转化为国内立法时采用新设转化这一方式的国家主要有、美国、欧盟、日本、澳大利亚等。（　　）

4.《中华人民共和国海关企业分类管理办法》是我国目前正在执行的 AEO 最新制度。（ ）

5. AEO 企业不但可以享受到本国海关提供的贸易便利措施，还能够享受 AEO 国际互认带来的更多便利。（ ）

四、论述题

1. 世界海关组织（WCO）推出《标准框架》是基于什么样的考量？

2. 为了确保装云工具安全，AEO 认证对企业有哪些具体要求？

3. 经过 AEO 认证的企业在通关过程中具有哪些优势？

4. 我国的《信用管理暂行办法》有哪些特点？

第三章

世界各国的 AEO 认证体系

• 本章提要 •

本章主要介绍世界范围内 AEO 制度的执行情况及各主要国家（地区）AEO 制度的特点。从全球贸易的角度来看，外贸企业获得本国 AEO 认证所享有的贸易便利只是国际贸易过程中的一部分，了解世界主要贸易国家（地区）的 AEO 制度，对于更好地运用既定规则拓展国际贸易有着重要的帮助。

第一节 世界主要国家(地区)AEO制度的执行情况

美国在"9·11"事件后发现全球供应链环节中存在巨大的安全漏洞,恐怖分子利用供应链漏洞运送生化武器甚至核武器,严重威胁到美国本土安全,因此美国迅速推出了C-TPAT制度(Customs Trade Partnership Against Terrorism,即海关贸易商反恐伙伴关系)。与此同时,美国也认识到全球供应链漏洞不可能由美国自身完全弥补,需要全球供应链上所有国家、海关及商界共同参与,为此美国运用自身的国际影响力积极推动《标准框架》的建立和实施,这一倡议最先得到了欧盟的支持,并逐渐被各国所认可。美国推出的C-TPAT制度创造性地提出了海关与商界的伙伴关系,摒弃了历史上长期执行的海关运用公权力对商界施加影响的做法,以利益交换的形式引导商界主动配合。WCO(世界海关组织)吸纳了这一理念,在《标准框架》中将"海关与商界的伙伴关系"作为两大支柱之一,倡导守法便利并建立国际化的企业信用认证体系即AEO制度。

当前,贸易全球化浪潮不可逆转,世界各国都从中受益,但同时各国也感受到了全球化下各式各样安全威胁对国家的影响,在既要贸易便利又不能忽视贸易安全的大趋势下,《标准框架》及AEO制度获得绝大多数国家的认可。而美国、欧盟等世界最大的几个贸易体率先实施,使得AEO制度成为进入这些国家(地区)的"通行证",这也成为世界各国加快推行AEO制度的源动力。

一、美国C-TPAT制度详解

"9·11"事件发生后,美国将海关纳入国土安全部,成立了美国国土安全部海关边境保护局(US Customs and Border Protection,

简称CBP)。为了强化贸易安全,堵塞供应链上的安全漏洞,美国国土安全部海关边境保护局制定了C-TPAT。C-TPAT是一项自愿性计划,于2002年4月16日正式实行。通过C-TPAT,CBP希望能与相关业界合作建立供应链安全管理系统,以确保供应链从起点到终点的运输安全、安全讯息和货况的流通,从而阻止恐怖分子的渗入。C-TPAT最大的特点就是海关放弃了公权力的强制作用,采用利益交换的模式,这也成为C-TPAT成功的关键因素。

(一) C-TPAT中商界成员的范围

美国进口商、运载商、报关行、货物承揽/货运代理商/无船舶公共承运商、美国本地港口管理当局/码头经营商、墨西哥制造商及CBP直接邀请参加的一批亚洲及欧洲制造商均可申请成为C-TPAT成员。

(二) C-TPAT的安全标准

C-TPAT的安全标准有八项,包括:商业伙伴要求、集装箱安全、物理进入控制、人员安全、程序安全、安全培训及警觉意识、物理安全、信息技术安全。各标准的具体要求如下:

(1)商业伙伴要求:要求进口商确保商业伙伴推行的安全程序符合C-TPAT标准,并应定期对这些商业伙伴进行评估。C-TPAT安全标准采用了一种逐层推进的模式进行推广,即由组织向供应商提出要求并把相关项目加入到审核验厂的检点目录里,促使供应商实施该标准。

(2)集装箱安全:要求在货品装柜及货运过程中维持货柜的完整,防止非授权物料、人员进入。并且在装柜室应有适当的程序或者管理规定进行封柜和维持出货货柜的完整。

(3)物理进入控制:对人员、车辆的进出进行控制,并采取措施对人员和车辆进行有效识别、控制。

(4)人员安全:指确保进入公司的人员是安全的,不会引起安全上的问题。应该注意的是,这里的人员安全不是指对人员进行保护,而是确保这个人是一个是安全的人员而不是一个恐怖分子。

（5）程序安全：必须实施安全措施，以确保供应链中货物的运输、搬运和储存相关过程的完整和安全。要确保程序规定的内容得到完全有效实施。

（6）安全培训及警觉意识：应该对员工进行安全和警觉意识的培训和宣传，使员工明白遇到恐吓的时候如何报告和处理，并对积极参与的员工进行奖励。

（7）物理安全：要求对货物搬运和存储设施设置有实质的障碍和威慑物，以防止非法进入。例如，围墙、照明设施、摄像监视设施等。

（8）信息技术安全：对电脑、电脑软件和网络的使用应设置权限，防止电脑被非法入侵。实施电脑安全政策，必须给员工培训程序和标准。

（三）C-TPAT 安全标准的应对措施

根据 C-TPAT 安全标准的框架结构，企业可以采取逐块应对的方法来进行 C-TPAT 的设计和建设。

1. 商业伙伴要求

针对货物的来源进行控制，主要在自己的供应商身上着手。要求供应商按 C-TPAT 标准建设安全系统并把相关的内容增加到供应商评审和验厂的检点项目中。具体操作可以包括：更改供应商管理程序，增加 C-TPAT 条款；修改或增加安全相关的作业指导书和检查表格；定期对供应商的 C-TPAT 系统进行检查等。

2. 集装箱安全

集装箱安全主要针对货品的装柜过程和下一站的吻合性核对。可包括：建立货品装柜规范和货柜封条管理办法，根据规范的要求设置相应的管理表格以交接和记录。程序应至少就以下方面进行规定：

（1）在装载前对集装箱进行检查。

（2）只允许经过授权的人员进入集装箱。

（3）由专门的安全人员监督集装箱的装载和离开。

(4) 集装箱离开前需贴上高安全性封条,原则上保证两点:离开时封条的完整性和到达下一站时核对封条的吻合性应无任何差别。对于上述提到的高安全性封条的要求,可参照 ISO17797 标准的要求来使用。

3. 物理进入控制

主要内容是识别和管理进出的车辆和人员。应对方法是建立门岗制度规定:

(1) 员工、访客、搬运人员等须佩戴相应的牌证方可出入。

(2) 所有人员的进出有记录档案。

(3) 规定程序对车辆和司机的身份进行确认。

应该注意的是,对所有的进出都进行登记管控有时是不现实的,应尽可能多地使用可明显分辨的牌证。例如经常出入的车辆给予发放一个很明显的牌子贴在车前窗上,以便于保安识别;给经常出入的人员配以身份识别卡使用刷卡出入等方式。

4. 人员安全

这部分要求对进入公司的员工进行背景调查和定期检查。应对方法可采用:

规定雇佣人员的程序;面试人员由保安进行指引进入面试区域;对前来面试者进行面试和额外的检查以便查证起身份和之前的被雇佣记录;通过当地的服务机构或政府资源查核其背景(如地址、曾用名、犯罪历史等)。同时,对每一个人进行背景调查是完全不现实的,但可采用分阶段的查核计划,逐批完成对人员的身份查核和背景调查。

5. 程序安全

必须实施安全措施,以确保供应链中货物的运输、搬运和储存相关过程的完整和安全。程序安全的要求总结起来主要是有两点:第一,保证在程序规定的适当的安全措施并完全得到实施;第二,保证这些活动在实施过程中和实施后没有被外来的异常因素破坏。这就要求在生产、装配和包装过程有相应的监控手段,采取适当的安全措施,同时防止受限制的物质进入。包装是工厂里的敏感过程,应特别引起重视,对进入包装区域的人员要进行限制和控制。

6. 安全培训和警觉意识

这里有四点要求：

(1) 建立和维持一个警觉意识。

(2) 员工必须明白遇到恐吓时如何报告。

(3) 对在出货区工作的员工及收发货物的员工提供额外的培训。

(4) 对积极参与的员工给予奖励。

为满足上面的要求,企业应建立培训机制增强员工的反恐意识,以及建立适当的激励机制鼓励员工反恐的警觉性和积极性。应制订针对各个层次的经理和员工的保安意识的培训计划并实施落实,并保存这些培训的所有记录。应设置相关的激励方案并加入到企业的奖励制度里。还可通过设置意见箱、安全热线等方式提高员工的积极性。

7. 物理安全

物理安全是 C-TPAT 体系里最直观的要求,应设置障碍或威慑物以防止非法进入。所谓实体,就是能看见的那些东西。而具有安全性质的实体,包括建筑、围墙、照明设备、监视设备、区域划分等。那么实体安全也是围绕上述的实体来展开管理。

(1) 应保证围墙、建筑的设施结构完整并能抵御外来入侵。例如,围墙的破损应及时修复,围墙内外应清理不可留下方便攀爬的杂物等。

(2) 应保证各处照明设备完好无损。

(3) 保证监视设备能正常工作。

(4) 员工和访客的车辆应该分开不同的区域停放。

(5) 访客的车辆应和收发货的车辆分开不同区域停放等。这些措施都应该得到具体的规定和落实。

8. 信息技术安全

电脑安全比较好理解,就是防止电脑系统被非法侵入和利用。

(1) 个人电脑应使用用户名和密码才可以进入系统,有使用权限的员工才可以使用,密码要定期更改。

(2) 加强网络安全,安装防火墙或者网络入侵告警系统,或者对网络进行隔离。

(3) 特别的对船务文件、安全封条、船务表格等进行保护。最好形成控制程序。

(4) 形成书面的电脑安全规定,并对涉及的员工进行培训。

(四) C-TPAT 制度对全球贸易链的影响

1. 供货商面对更严格的监察

本地厂商/供货商作为美国进口商的商业伙伴,将会面对进口商更高的安全程序要求及更严谨的监察。自 2005 年 3 月 25 日起,CBP 不断收紧对其美国进口商成员的安全要求,其中包括规定进口商须订立书面和可核实的程序以挑选商业伙伴,包括制造商、产品供货商和卖家;进口商亦须具备文件证明整个供应链内的商业伙伴均达到 C-TPAT 的安全标准(或外国海关当局实施的同等供应链保安计划的标准)。

2. 竞争优势将促使更多企业遵守 C-TPAT 安全标准

作为 C-TPAT 成员,不论是进口商或运载商等,都能因此令它们的货物和服务在竞争对手中区别出来。对于非 C-TPAT 成员来说(例如,外地制造厂商、货仓经营者等),也面临一定的市场压力而考虑邀请第三方认证机构审查他们的保安程序、发出类似 ISO9001 的证书,向外界显示他们已遵循相关的供应链安全指引。

3. 供应链安全成为全球采购要求的重要部分

C-TPAT 的示范效应持续发酵,使得进口商/国家(不限于美国,亦不论是否 C-TPAT)对供应链安全的关切将会令安全考虑成为采购要求中的重要部分。进口商会透过订单、证书、行为守则、经销商手册等,将安全责任加于制造厂商身上。

4. 加大高科技投入成为必然趋势

以 CBP 推出的 C-TPAT 升级计划（即 C-TPAT Plus）为例，符合安全建议的货柜抵美时或无须经海关检验即可过关，又或至少保证货柜最快放行。要符合建议，便要确保货柜在出发之前门栓已经装有可以侦察并记录所有意图开柜动作的科技设备-RFID 电子卷标便是其中之一。这就使得在供应链安全及管理上高科技的运用（不论是条形码、RFID、蜂窝或卫星定位等）已成趋势。

虽然供应商要满足 C-TPAT 标准需要大量投入，但长远来说可以大大增强企业出口美国市场的竞争力并节约大量成本。

二、欧盟 AEO 制度介绍

欧盟 AEO 制度自 2008 年 1 月 1 日起正式实施，在立法上主要体现在《欧盟海关法安全修正案》上，其配套的规定和措施主要有欧盟海关安全法实施细则、AEO 指南、企业自我评估工具及 AEO 共享数据库。由于欧盟海关是 WCO《标准框架》的主要起草者之一，欧盟 AEO 制度基本沿用了 WCO 的标准。但与其他国家地区相比，欧盟 AEO 制度有自己的特点。

（一）AEO 申请范围和认证种类

任何在欧盟境内从事国际供应链运作且与海关活动相关的经营者均可申请 AEO 资格。包括：生产商、出口商、货运代理人、仓库经营者、报关代理人、承运人、进口商。凡在欧盟内任一国获得 AEO 资格，其认证即得到欧盟所有 26 个成员国的承认。

欧盟的 AEO 分为三类：一是 AEOC，即享受海关简化手续的 AEO；二是 AEOS，即享受相关安全便利措施的 AEO；三是 AEOF，即同时享受海关简化手续和相关安全便利措施的"二合一"AEO。但只有 AEOS 和 AEOF 才能适用于国际互认。

（二）AEO 认证实施程序

在执行 AEO 制度过程中，欧盟各国在遵守欧盟海关安全法实施细则的同时会根据本国实际情况制定不同的认证程序。但综合来看,欧盟的认证程序大体如下。

1. 申请

欧盟海关制定了统一的 AEO 申请表和自我评估表,企业提出申请时,均须按要求填写这两个表格。各成员国可根据各自的实际情况,要求企业将申请表提交给本国的 AEO 总部或主管海关。提交方式包括网上申请和书面申请,各国在这方面的要求亦不相同,例如英国和意大利采用的是纸面申请方式,西班牙和比利时则采用网上申请方式。欧盟海关规定,各成员国海关必须在企业提出申请后的 5 天内做出接受与否的决定。

2. 初审

成员国海关在接受企业申请后会进行初审,审核的内容主要包括申请表的完整性、申报的准确性,以及有无足以导致申请被拒的重大缺陷(例如,与现行法规明显不符)。若申请满足所有条件,则海关会向企业发出接受申请通知书,并在其中注明相应时间;若申请被拒,则海关会签发拒绝申请的函件;若申请中出现错误,需要修正或完善,则海关会联系申请人,请其修改后再行提交。

在初审阶段,欧盟海关还要求成员国海关在接受申请之后,经指定的交流系统征求其他 2 个成员国海关的意见,被征询的海关须在 3 天内给予反馈。通过初审的企业,一般会被录入各成员国海关的 AEO 管理系统,之后的 AEO 证程序管理将通过该系统进行。

初审工作一般由海关的 AEO 协调员负责,该协调员负责与申请者沟通。在欧洲某些国家,协调员还会收集申请人的大量资料,供验证稽查关员的风险分析环节参考。例如,除收集与申请者相关的海关信息外,比利时海关还会在初审阶段收集与之相关的银行、公司注册机构等大量信息。

3. 验证稽查

企业申请通过初审后,一般会被送到验证稽查部门。验证稽查工作通常会在企业所在地的海关进行,其程序主要是:

首先,收集来自外部和内部的信息。外部信息包括企业申请信息和商会、法院、地方税务机构、银行、公司注册机构关于企业的重要信息;内部信息主要是海关数据库内的相关信息。

然后,对收集的信息进行综合评估分析。分析过程包括:检查相关信息的真实性和可靠性,确认申请者可能存在的风险,提出需在验证稽查期间检查的文件清单等。

之后,开展实地验证稽查。海关根据事先的风险分析结果,到企业所在地进行实地验证稽查,期间采用问话、参观、测试和查阅文件等方式,对需要查验的信息进行逐一验证。

最后,起草稽查报告。在所有验证完成后,稽查人员会起草一份最终的验证稽查报告。报告须做出明确建议,同意或拒绝授予证书。若验证稽查因发现问题而需提前结束且做出拒绝结论,则海关须就所发现的问题与被稽查人进行沟通,并给予其30天的整改时间。

4. 授予AEO资格

企业申请通过验证稽查后,会被提交到成员国海关的AEO总部,后者将对验证稽查报告进行复核,然后做出授予AEO资格的最终决定,并给相关申请人颁发AEO证书。欧盟海关规定,海关的AEO认证程序应在企业提出申请之日起的90天内完成。

5. 后续监控

在向企业授予AEO资格的同时,海关对AEO资格的后续监控随即启动。后续监控一般由AEO总部和企业所在地海关共同负责,包括三种方式:一是日常监控。由地方海关的主管关员根据相关要求和标准监控AEO日常行为。一旦发现违规行为,就及时通知该地区的AEO联系人。此外,海关也会要求AEO公司结构或经营活动在发生重大变动时立即通知海关,主管地海关会将影响AEO资格存续的信息及时报送AEO总部。二是定期检查。海关每年要到企业所在地走访至少一次,若在走访时发现企业违规,则会组织更深入的调查。三是重新验证。通常情况下,启动此种验证须有明显证据证明企业未按AEO规定经营,但部分国家设有常规性的重新验证期限,如西班牙和比利时海关就规定,每 3 年都要针对所有标准进行一次重新验证。

(三)欧盟 AEO 制度的特点

为了扩大 AEO 制度的影响和规模,欧盟及各成员国海关均积极宣传 AEO 制度,并努力通过便捷有效的方式和优质完善的服务吸引企业加入 AEO。如欧盟海关开发了 AEO 指南、企业自我评估工具,并在网站上提供下载服务;英国海关官方网站也发布了 AEO 验证稽查的国家指南,内容包括 AEO 验证稽查的标准、程序和后续监控方式等;意大利海关则通过网络发布专为商界制定的指南,内容包括实施 AEO 的目的、便利措施、申请条件、申请方法和海关处理程序等。由于宣传到位、措施到位、服务到位,AEO 制度在欧盟内部推广迅速反响良好,企业加入非常踊跃。相比于其他国家(地区),欧盟 AEO 制度在风险管理、科技应用、人才培养、内部整合等方面极具特色:

(1)风险管理。欧盟海关为各成员国海关开发了一套名为"企业守法分析模型"的风险分析方法,用以有效控制 AEO 风险。该方法的主要功能有:指导海关充分收集 AEO 申请信息,通过深入的风险分析确定验证稽查的重点;通过与申请者交流,应对和化解相关风险;在企业通过 AEO 认证后,仍对其可能存在的风险进行监控,确保 AEO 认证前后的风险始终处于海关的有效监控之下。各成员国海关基本都按照此法进行 AEO 认证和监控。有的成员国海关还进行了进一步优化,如比利时海关通过开发系统分析工具、制作分析图表、设置量化指标等一系列手段,发挥了"企业守法分析模型"的最佳应用效果。

(2)科技应用。欧盟海关高度重视高科技手段在 AEO 认证和验证稽查工作中的运用,并为此开发了 AEO 网上申请系统供各成员国使用,大大提高了认证效率。此外,还开发了 AEO 共享数据库,将各国海关的 AEO 认证和验证稽查数据集中到统一的系统平台,在验证稽查过程中,各成员国可以充分利用这些数据信息,确定并调整稽查的重点。欧盟还开发了一套管理系统将 AEO 数据和通关系统结合起来,在通关过程中自动识别 AEO 状态,降低 AEO 的风险值并把 AEO 政策的便利落到实处。欧盟海关通过运用科技手段不仅有效提高了自身的工作效率和管理效能,同时也使 AEO 认证企业更多的享受到了便利措施。

(3) 人才培养。欧盟海关十分重视人才培养,打造了一支专家型人才队伍。从事 AEO 认证和验证稽查的人员岗位相对固定,一般不会变动,这就使得相关从业人员能加强业务钻研提高业务能力,最终成为岗位专家。同时,欧盟各成员国海关经常开展从业人员学习交流及业务专家互访互换活动,并定期进行工作研讨和总结,编写相关经验教材供关员学习。各成员国海关还会邀请电脑专家、税务专家等参与验证稽查等关键环节,以带动提高海关验证稽查团队的专业水平。

(4) 内部整合。欧盟海关由各成员国海关构成,加强内部配合至关重要。为了增进各成员国在 AEO 认证和验证稽查方面的交流合作,欧盟海关制定了一套联动配合办法,包括各种具体规定。例如,在 AEO 初审阶段,若海关发现该企业在其他成员国设有分支机构,则需征求后者的意见。在验证稽查阶段,若海关发现该企业在其他成员国设有分支机构或有重要商业伙伴,亦需征求后者的意见或是请其配合开展验证稽查并在 60 天内反馈结果。在后续监控方面,对各成员国之间配合及视线也都做了具体规定。为了方便各成员国之间交流配合,联动办法将每个作业步骤编制代码,使用代码的方式进行工作交流。

三、韩国、日本 AEO 制度简介

(一) 韩国 AEO 制度

韩国海关根据世界海关组织《标准框架》,通过国内立法和初期试点工作,于 2009 年 4 月正式实施 AEO 制度,从事进出口、报关、国际仓储、海陆空国际运输等 9 类业务的企业可申请 AEO 资格认证。

1. AEO认证要求及认证流程

在AEO认证条件方面,韩国海关基本沿用了《标准框架》设定的标准,分别为:良好的诚信守法记录;严格有效的内部管理制度;在财务方面,有着清晰完整的账簿记录及合理负责率,且无不良拖欠;在安全控制上,生意合作伙伴、车辆运输、门卫安保、员工管理、员工安全培训、公司信息系统、设施及装备管理等方面符合要求。同时,与中国海关AEO制度较为类似的是,韩国海关也对认证标准实行打分制,分别将上述四个方面逐项分解、设定分值,并根据企业的合格程度逐项打分。韩国AEO认证制度根据计分将企业分为三类:80~89分为A类企业;90~94分为AA类企业;95分及以上者为AAA类企业。

韩国海关AEO认证流程主要有以下几个步骤:

(1) 自我评分。企业根据AEO申请标准进行自我打分。

(2) 提交材料。符合条件的企业可以通过韩国海关网(UNI-PASS)提交《AEO认证申请表》及其相关材料。

(3) 资料审核。韩国海关对企业文件、单据和资料进行审核。

(4) 实地稽查。韩国海关对符合条件的企业进行实地稽查。

(5) 认证核定。韩国海关将稽查情况递交韩国AEO认证委员会认证核定。

(6) 最终裁决。韩国AEO认证委员会做出最终裁定。

2. 韩国AEO制度的特点

在AEO制度方面,韩国结合本国实际情况进行了创新和优化。具体来看,主要有以下几点:

(1) 所有企业在申请AEO资格前,必须确定至少1名AEO专职管理人员(需提前接受不少于16个小时的AEO专业培训),以协助海关进行单据资料审核和现场稽查工作。

(2) 一旦认证合规,企业必须承诺严格有效的后续管理,必须任命1名AEO总监和1名以上的AEO经理(两者需每年接受不少于8个小时的AEO后续培训),以负责本企业的AEO后续管理工作。

(3) 在企业所有人权益及组织架构、办公场地、重大经营活动、财务情况发生变化时,必须及时主动地向海关报告;认证企业必须每年主动向海关提交自查报告,如实反映企业合规以及 AEO 标准遵守情况。

(4) AEO 企业资格一经认证,有效期为 3 年,到第 3 年上半年,由企业和海关进行复审,根据达标状态分别进行升级、维持、降级和撤销处理。

此外,韩国 AEO 制度中,两个组织分别发挥着至关重要的作用。一是韩国 AEO 认证委员会,其主要职能为审核、决定企业认证申请,以及已经获得 AEO 认证企业的认证维持、取消等事项;二是韩国 AEO 协会,它是由获得 AEO 认证资格的企业组成的非政府组织,宗旨是为企业争取 AEO 认证提供指导和帮助。

(二) 日本 AEO 制度

日本是 AEO 制度实施时间比较早、实施程度比较高的国家。早在美国"9·11 事件"发生以前的 3 月份,日本就开始自主自发的实行简易申报制度,这是 AEO 雏形的制度。但由于日本海关没有美国海关的国际影响力和辐射力,所以当时在世界上没有引起足够的重视和较大的反响。

1. 日本 AEO 制度的演变

WCO 通过《标准框架》后,日本接受了其 AEO 建议并进行了合并转化,形成了特定出口申报制度并从 2006 年 3 月开始正式实施,这成为日本版的 AEO 制度的开端。

日本的简易申报制度并入 AEO 制度体系后,于 2007 年 4 月演变成针对 AEO 进口者的建议申报制度,2008 年扩大到 AEO 通关业者,实行认定通关业者制度。而 2007 年 10 月开始实施的 AEO 仓储保管业者的特定保税认可制度,2008 年 4 月扩大到 AEO 运输业者,实施特定保税运输制度。最后于 2009 年扩大到 AEO 制造业者,实行特定制造业者制度。而特定制造业者制度是日本 AEO 制度深化的标志。

经过一系列的演变,目前,日本特例通关制度主要由特例进口申报制度、特例出口申报制度、特例保税资格制度、认定通关业者制度、特定保税业务制度和特例制造者制度等构成,对于不同的类别实施不同的认定标准和实施方法。特例通关制度主要是为了解决如何在兼顾贸易安全的前提下实现贸易通关便利化的问题。这一制度是渐进式推广的。从2005年起首先在贸易业者中开始推广。一开始的范围是进口业者,然后逐步扩大到仓储保管业者、通关业者、运输业者和生产制造企业,最后覆盖到相关物流链条的全体。

2. 特例通关制度认证的益处

特例通关制度就是日本版的AEO制度,是日本对符合条件的贸易业者进行分类,对一些规范守法和诚信度高的企业给予特殊待遇的通关制度,目的是让这些贸易业者与海关建立起一种合作伙伴关系,并赋予特殊的通关便利化措施,促使这些诚信企业的快速发展。所谓"特例"就是特别授予的资格,由于是"特例",所以一般企业只能使用普通的通关待遇,而那些遵守海关法令、诚信,并经过认证的企业就可以享受便利的通关待遇。

特例通关制度对于贸易业者来说有非常多的好处。如果从事进口业务,获得特例进口申报资格的企业就可以在进口之前完成通关手续,在进口之时关税纳税的审查和查验,在收货之后再进行进口关税的申报。如果从事出口业务,获得特例出口申报资格的企业不必将货物运至口岸保税地域,在企业自己的仓库就可以进行出口申报,并且海关审查和查验也可以得到反映,使得出口货物可以得到迅速便利的装运。如果是从事进出口仓储保管业务的,获得特定保税资格的企业只要向海关关长提出请求就可以设置保税场所,该保税场所的相关手续费也可以免除。如果从事通关业务,受到通关业者资格认定的通关员或报关企业可以就其接受的进口业者委托在取货之后进行关税纳税申报处置,还可以接受出口业者委托对于保税地域之外的场所货物进行出口申报。如果从事运输业务,获得特定保税运输资格的运输企业除了免除每项保税业务单独申请的批准,还可享受多项特别优惠。

第二节　中国实施 AEO 制度的进程

我国是国际贸易大国,贸易是我国经济发展的三大引擎之一。据国家统计局的统计数据显示,1978—2006 年我国国内生产总值(GDP)从 3 645.2 亿元增加到 210 871.0 亿元。与此同时,我国的对外贸易进出口总额由 355.0 亿元上升至 140 971.4 亿元对外贸易进出口总额占国内生产总值的比重由 1978 年的 9.74% 上升至 2006 年的 66.85%。2006 年以后,随着我国经济的深入发展,产业升级加快,经济总量快速增长,外贸在国内生产总值中占比逐年下降,但仍然是影响我国经济发展的重要因素。根据最新数据统计,2016 年我国对外贸易进出口总额为 36 849.25 亿美元,而 2016 年我国国内生产总值达到 112 028.51 亿美元,外贸占比仍然高达 32.9%。由此可见,对外贸易对我国经济增长起着巨大的推动作用。2008 年,由美国次贷危机引发的金融危机席卷全球,西方国家经济陷入衰退,而新兴国家经济增速放缓。在此背景下,贸易保护主义抬头,西方发达国家为了规避多边贸易制度约束,创造出了技术标准壁垒、绿色环保壁垒、知识产权壁垒、劳工标准壁垒等,推出了所谓新贸易保护主义。我国对外贸易受到贸易保护主义影响,这几年贸易顺差连年下降,进出口贸易总额出现下滑。规避贸易壁垒、提振对外贸易成为当下我国经济发展的一个重要任务。

同时,近年来恐怖主义泛滥的趋势同样影响到我国,以疆独、藏独为代表的恐怖分子经常制造恐怖活动严重威胁到国家和人民的安全。防止恐怖分子利用全球贸易供应链漏洞实施恐怖活动同样也成为我国需要解决的一个重要课题。

由此可见,无论是从维护对外贸易增长的角度出发,还是从维护国家安全稳定的角度出发,我国对贸易安全和贸易便利都有着深切的需求。

一、我国 AEO 制度的沿革

2005 年 6 月,世界海关组织通过了《标准框架》,我国海关积极响应世界海关组织的倡议,在会上签署了实施《标准框架》的意向书。随后,2005 年到 2008 年我国积极开展了 AEO 制度转化的研究和实践。2008 年,我国海关对当时的企业分类管理制度进行了修订,出台了《中华人民共和国海关企业分类管理办法》(海关总署第 170 号令)和配套的相关规定,将 AEO 制度关于守法、贸易安全和海关与商界伙伴关系等实体要求,以及贸易便利措施、验证程序等纳入其中,使 AEO 制度转化为国内制度。2011 年 1 月 1 日起实施的 197 号令《中华人民共和国海关企业分类管理办法》则细化了海关对企业的评估、分类体系。2014 年海关总署依据国务院发布的《社会信用体系建设规划纲要》,为适应形势发展需要和执法实践需要及与国际海关接轨的需要,于 10 月 8 日发布第 225 号令《中华人民共和国海关企业信用管理暂行办法》并自 2014 年 12 月 1 日起正式实施。这也是当前我们 AEO 制度的最新法律依据。由此可见,170 号令、197 号令、225 号令的出台是一个渐进完善的过程。

(一) 170 号令将 AEO 制度转化为国内立法

2008 年 4 月 1 日起施行的《中华人民共和国海关企业分类管理办法》(海关总署令 170 号)将 AEO 制度关于守法、安全和海关与商界的合作伙伴关系等实体要求及贸易便利措施、认证程序纳入其中,将 AEO 制度具体转化为国内制度。海关将进出口收发货人和报关企业分为 AA、A、B、C、D 五个类别,其中 AA 类企业标准和条件与 WCO 的 AEO 标准一致,是中国海关的 AEO 企业。170 号令的颁布及配套法规的施行,标志着中国海关 AEO 制度已进入正式实施阶段。

(二) 197 号令细化了海关对企业的评估和分类体系

2010 年 11 月 15 日,在对原海关总署第 170 号令《中华人民共和国海关企业分类管理办法》进行修订的基础上,海关总署署务会议审议通过并发布了《中华人民共和国海关企业分类管理办法》(海关总署第197号令),于2011年1月1日起实施。在170号令的基础上197号令细化了海关对企业的评估和分类体系,主要表现在以下几个方面:

(1) 放宽了 AA 类进出口收发货人的准入门槛。170 号令规定,进出口收发货人申请适用 AA 类的,必须符合上一年度进出口总值 3 000 万美元(中西部 1 000 万美元)以上的条件。197 号令取消了上述规定,只要符合 A 类企业适用条件(上一年度进出口总值 50 万美元以上)即可申请,大大放宽了 AA 类进出口货物收发货人的准入门槛。

(2) 降低了 A 类企业报关差错率标准。197 号令将 A 类进出口货物收发货人(报关企业)的上一年度进出口(代理申报)报关差错率标准由原来的"3%以下"修改为"5%以下"。

(3) 放宽了不作为企业分类管理评定记录的违规行为范围。197 号令将不作为企业分类管理评定记录的违反海关监管规定行为的范围由"罚款额在 1 万元以下"调整为"罚款额在 3 万元以下",对相应的评定标准有所放宽。

(4) 增加了 C 类企业"容错率"标准。170 号令规定进出口货物收发货人 1 年内 3 次以上违反海关监管规定行为的,应当适用 C 类管理。197 号令则改为规定违规次数超过上 1 年度报关单、进出境备案清单等相关单证总票数 0.1%的,才适用 C 类管理。

(5) 明确了报关企业代理报关货物侵犯知识产权的认定方式。170 号令规定,报关企业代理报关的货物因侵犯知识产权而被海关没收的,将不能适用 A 类以上管理类别,而应该调整为适用 C、D 管理类别。但 197 号令补充规定,报关企业代理报关的货物因侵犯知识产权而被海关没收,对该货物的知识产权情况履行了合理审查义务的,不影响其管理类别的评定。明确了此类事情的处理方式,解决了长期困扰海关企业分类工作的一个难题。

(6) 调整了部分类别企业的评审程序。170 号令规定,在企业申请适用 AA 类管理的评审中,征求相关职能部门意见和稽查验证同步进行。这就会有验证稽查通过而因其他职能部门提出反对意见不能通过评审的情况出现,导致人力物力的浪费。197号令对此做出了调整,将相关职能部门意见程序前置,防止出现上述情况发生。此外,197号令对 AA 类的评审时限做出了更为科学、细化的规定,便于具体操作。

(7) 完善了向上调整管理类别的评定程序。企业申请向上调整管理类别主要经过以下几个程序:

第一,企业通过注册地海关向直属海关提出书面申请。

第二,注册地海关收到企业递交的申请后,按照相关要求进行审核,对于符合法定形式的,制发《企业分类管理申请受理决定书》。

第三,注册地海关将已受理的申请报送直属海关企业管理部门。

第四,直属海关企业管理部门收到申请后,对照分类标准进行全面的审核,对符合条件的,送请海关相关业务部门提供信息及证据材料;对申请适用 AA、A 类管理的,还要向商务、人民银行、工商、税务、质检、外汇、监察等行政管理部门和机构征求有无不良记录的意见。

第五,对申请适用 AA 类管理的,直属海关企业管理部门在初审后移交企业稽查部门组织对申请企业实施验证稽查,企业稽查部门对企业验证稽查后向企业管理部门反馈验证稽查结果。

第六,直属海关企业管理部门提出审核意见,报分主管领导关长或者经授权的企业管理部门负责人审批并做出相应的决定。

第七,对申请 AA 类管理的,直属海关还要将拟适用 AA 类管理的意见正式行文报海关总署核准,并在收到海关总署批复后做出适用或者不适用的决定,并制发相关法律文书。

(三) 225 号令将 AEO 认证提升到了信用管理的高度

2014 年 6 月,国务院对外公布了《社会信用体系建设规划纲要(2014—2020)》,要求各部门、各领域要按照"守信激励、失信惩戒"的原则大力推进社会信用体系建设。随着海关业务改革的不断深化,197 号令已不能很好地适应形势发展要求。一方面,在简政放权转变职能方面与国务院加强社会信用体系建设促进市场公平竞争的要求存在差距;另一方面,与国际海关接轨促进对外贸易发展的要求极为迫切。因此,非常有必要对197号令重新调整,赋予新的内涵。

在此背景下,海关于2015年10月8日发布了第225号令《中华人民共和国海关企业信用管理暂行办法》,并相继出台了《关于公布〈中华人民共和国海关企业信用管理暂行办法〉所涉及法律文书格式的公告》(海关总署公告2014年第75号)、《中华人民共和国海关企业信用管理暂行办法实施相关事项》(海关总署公告2014年第81号)、《海关认证企业标准》(海关总署公告2014年第82号)等配套文件。

《中华人民共和国海关企业信用管理暂行办法》是海关凸显进出口信用体系的顶层设计和制度建设,融合了AEO制度要求和社会信用体系建设要求的产物。《信用管理暂行办法》的主要变化如下:

(1) 取消了AEO企业规模门槛限制,也取消了新注册企业申请AEO企业需要1年的时间限制。也就是说,只要企业诚信守法、规范经营,不论规模大小和成立时间长短,都有资格申请成为AEO企业。这样就为中小微企业申请AEO资格创造了条件,有利于促进中小微企业的发展。据统计,取消规模门槛标准后,有资格申请成为AEO的企业将比取消前增加2倍以上。

(2) 最大限度地减少海关对企业信用认定的核准环节,除了认证企业需要向海关主动提出申请外,其他企业信用等级调整都由海关按照客观、量化标准进行动态调整,无需企业申请。

(3) 大幅缩短信用认定办理时限,高级认证企业评定时间仅需90日,办理时间较原来缩短约3个月。这样改革以后,不但简化了海关内部核批环节和流程,还大幅压缩了办理时限,既降低了行政成本、提高行政效率,也大幅减少了企业等待时间。

(4) 对《信用管理暂行办法》与《分类管理办法》的衔接进行了规定。如规定《分类管理办法》中的AA类企业直接过渡为高级认证企业,A类企业直接过渡为一般认证企业,B类企业直接过渡为一般信用企业,而C类、D类企业将由海关按照信用管理办法重新审核并确定信用等级。

关于《信用管理暂行办法》和《分类管理办法》的区别,可以从六个方面进行对比如表 3-1 所示。

表 3-1

海关企业《信用管理暂行办法》与《分类管理办法》对比表

主要领域	《分类管理办法》	《信用管理暂行办法》
管理类别的设定	AA 类、A 类、B 类、C 类、D 类	认证企业(包括一般认证企业和高级认证企业)、一般信用企业、失信企业
认定标准	区分为报关企业和非报关企业,并根据各自管理类别设定具体标准	不区分报关企业和非报关企业,基本适用统一标准。认证企业需要符合《海关认证企业标准》
管理类别的调整	企业可根据分类管理类别标准向海关提出审计申请	海关对企业兴信用状况的认定结果实施动态调整,对高级认证企业每 3 年重新认证,对一般认证企业不定期重新认证,对失信企业满足调整为一般信用企业条件的,海关自动调整
实施认证的机构	只能有海关对企业进行审查	海关或申请企业可以委托有法定资质的社会中介机构对企业进行认证,认证结果可以作为认定企业信用状况的参考依据
AEO 互认	未明确。仅在我国与其他国家 AEO 互认公告中单独提及 AA 类企业可享有 AEO 互认国家(地区)的通关便利	明确了认证企业是中国海关经认证的经营者(AEO),高级认证企业可享受 AEO 互认国家(地区)相应的通关便利
企业信用公示	未涉及	明确了海关应当公示企业信用信息,其中企业行政处罚信息的公示期限为 5 年

二、我国《信用管理暂行办法》的主要特色

(一)《信用管理暂行办法》的制度设计理念

此次《信用管理办法》制定的制度设计理念主要有以下两个方面:

一是充分体现国家社会信用体系建设的原则和要求。2014 年 6 月,国务院对外公布了《社会信用体系建设规划纲要(2014—2020)》(简称《规划纲要》),要求各部门、各领域要按照"守信激励,失信惩戒"的原则,大力推进社会信用体系建设。因此,在《信用管理暂行办法》制定过程中,海关按照社会信用体系建设的总体要求,

以"诚信守法便利、失信违法惩戒"为原则,根据企业经营管理、内控规范、守法守信等能够反映企业信用的客观情况,科学、公平、公正地明确了认证企业(海关高信用企业)、一般信用企业和失信企业的认定标准,以及管理措施,高信用企业享受海关通关便利措施,一般信用企业适用常规管理措施,失信企业将受到海关严密监管。

二是充分体现与国际海关接轨要求。《信用管理暂行办法》充分融入了《标准框架》中 AEO 制度的先进理念,按照 WCO 所倡导的 AEO 制度的要求,借鉴国际海关 AEO 制度的先进做法,建立了企业认证制度,制定了包括内部控制、财务状况、守法状况、贸易安全等方面的《海关认证企业标准》,明确了中国海关"认证企业"作为经认证的经营者(AEO)的制度依据。同时,借鉴国际海关通行做法,将认证企业分为高级认证企业和一般认证企业。这样,中国海关将能够更好地与国际海关进行 AEO 互认合作,使更多的中国企业能够走向世界,享受签署国海关的通关优惠,增强出口产品的国际竞争力。

(二)《信用管理暂行办法》的主要特点

第一,明确信用原则,降低申请门槛,体现社会公平正义的原则。按照《信用管理暂行办法》的规定,只要企业诚信守法、规范经营,不论规模大小和成立时间长短,都有资格申请成为高信用企业。对诚信守法企业,充分体现了维护社会公平正义的要求,具体表现在:

一是取消了企业上一年度进出口总值 50 万美元以上、代理申报的进出口报关单及进出境备案清单总量 2 万票(中西部 5 000 票)和 3 000 票以上的规模标准。

二是取消了新注册企业须适用当前信用等级满 1 年的时间条件。

三是科学设立认定标准。按照科学客观、公平公正、简单易行、实时动态的原则,改变《分类管理办法》中指标均为刚性、绝对数值的做法,给予企业一定的规范改进空间,同时考虑大小企业以及进出口业务量多少的实际情况,设置相对值指标(如差错率、违法次数占比等)。

第二,强化服务意识、简化审核程序,体现简政放权转变职能的思路。本次《信用管理暂行办法》制订过程中,海关按照国务院简政放权、转变职能的工作要求,着力简化程序,减少核批环节,缩短办事时限。

一是海关总署不再对高信用企业的认定进行核准,放权给各直属海关或者隶属海关。

二是最大限度地减少海关对企业信用认定的核准环节,除了认证企业(即 AEO 企业)需要企业向海关申请认定外,其他企业信用等级调整都由海关按照客观、量化标准进行动态调整,无需向海关申请。

三是大幅缩短信用认定办理时限。例如,高级认证企业评定时间仅需 90 日,办理时间较《分类管理办法》减少约 3 个月。

《信用管理暂行办法》的主要特点如图 3-1 所示。

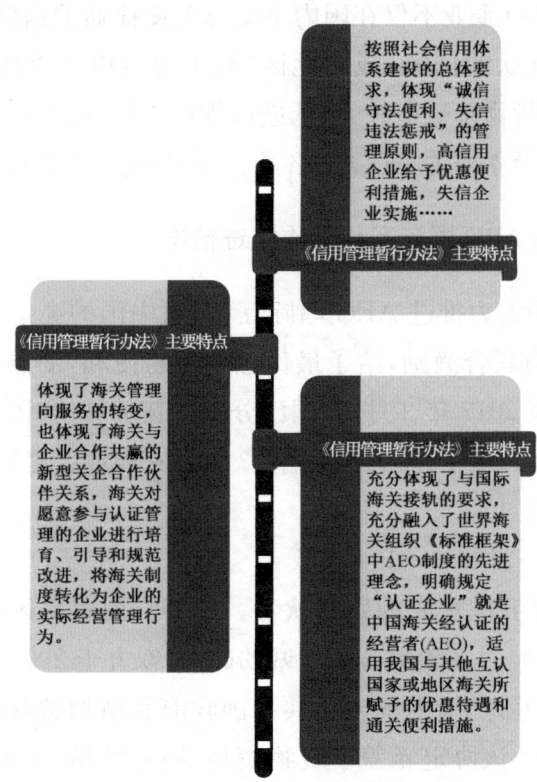

图 3-1 《信用管理暂行办法》的主要特点

(三) 我国 AEO 认证企业享有的益处

获得 AEO 认证的企业在以下四个方面可以获得益处：

第一，我国海关给予 AEO 企业诸多通关便利措施，包括免担保验放、设立企业协调员、适用较低的进出口货物查验率、不实行银行保证金台账制度等措施，从而减少通关时间和成本，提高通关效率，为企业赢得更多商机和发展机遇。

第二，由于成为 AEO 企业需要达到一定标准和要求，因此，AEO 企业将在内控管理、贸易安全、守法规范等得到全面规范和提高，为企业在市场竞争中取得优势提供帮助。

第三，国家正在积极推进社会信用体系建设，AEO 企业在政府部门、社会、市场美誉度的提高，将来会享受到相关部门的联合激励措施。

第四，AEO 企业不仅在国内享受海关便捷通关措施，其出口货物在与我国互认的国家（或者地区）海关也可以享受通关便利，包括：减少进口货物单证审核、降低进口货物查验率、进口货物优先办理通关手续、设立海关 AEO 联络员、非常时期优先处置等。

三、我国 AEO 国际互认工作推进情况

我国海关大力推进 AEO 国际互认，对中国的高信用企业在国际海关间实施联合激励，给予最优惠的贸易便利，助推企业更好地走出去。截至 2017 年 3 月，我国已分别和新加坡、韩国、中国香港、欧盟、中国台湾、瑞士、澳大利亚等 33 个国家和地区签署了 AEO 互认协议。

1. 中国—新加坡 AEO 互认

新加坡是我国重要的贸易伙伴。中新自由贸易区谈判启动于 2006 年 8 月，经过 8 轮艰苦而坦诚的磋商，双方于 2008 年 9 月圆满结束谈判，并签订了《中华人民共和国政府和新加坡共和国政府自由贸易协定》。该协定涵盖了货物贸易、服务贸易、人员流动、海关程序等诸多领域，是一份内容全面的自由贸易协定。

2012年6月,两国签署了《中华人民共和国海关总署与新加坡关税局关于〈中华人民共和国海关企业分类管理办法〉和〈新加坡安全贸易伙伴计划〉互认安排》。这个安排是我国海关签署的第一个AEO互认安排。

中国—新加坡AEO互认协定是在自贸区协定的基础上达成的一项重要成果,有力地拓展了双方进一步发展对外贸易的空间。

应该注意的是,新加坡海关AEO企业是指"STP-Plus"企业,是新加坡海关评定的安全贸易认证等级最高的企业。

2. 中国—韩国AEO互认

2013年6月27日,我国与韩国签署AEO互认安排,只是中国海关总署签署的第二个AEO国际互认安排。中韩互为重要贸易伙伴,双方签署AEO互认协议有力推动了中韩贸易与双边经贸的长足发展。中韩AEO互认实施后,中国的AEO企业出口到韩国的货物在韩国通关速度明显提高。据青岛海关对实施中韩AEO互认一年后统计,中国AEO企业出口韩国的普通海运、空运货物查验率分别较普通出口货物降低98.21%、57.14%,通关时间分别缩短34.78%和71.43%。

中韩两国海关在AEO合作内容主要包括:

(1) AEO问卷调查。

(2) 中韩AEO互认经济效益研究。

(3) 中韩AEO互认安排联合说明(韩国首尔和釜山、中国南京和青岛)。

3. 中国—香港特区AEO互认

2003年,内地与香港特区政府签订了内地与香港《关于建立更紧密经贸关系的安排》(简称CEPA),后续又分别多次签署了补充协议。CEPA是"一国两制"原则的成功实践,是内地与香港制度性合作的新路径,是内地与香港经贸交流与合作重要里程碑,是我国主体与香港单独关税区签署的自由贸易协定,也是内地第一个全面实施自由贸易协议。

2013年10月,内地海关与香港海关正式签署《海关总署与香港海关关于〈中华人民共和国海关企业分类管理办法〉与〈香港认可经济营运商计划〉的互认安排》。这是在CEPA基础上双方海关合作的一个重大成果,也是海关总署继中新、中韩后签署的第三个AEO互认安排。

4. 中国—欧盟AEO互认

欧盟连续11年是中国第一大贸易伙伴,中国是欧盟第二大贸易伙伴。中欧建交40多年,双方贸易额在40年之间惊人地增长了250多倍,年贸易额已突破6 000亿美元大关。

在这一背景下,实现中欧AEO互认,给予双方诚信、守法、安全企业最优惠的通关便利,提升中欧供应链安全便利化水平,符合中欧政府和商界的共同利益,是双方经贸合作强有力的"助推器"。因此,中国海关总署一直积极推进与欧盟海关AEO互认工作。早在2008年双方就成立了专门工作组开展AEO互认磋商工作。其间,双方还对各自制度规章进行修订,并完善相关信息技术系统,努力实现AEO制度及实践上的统一、兼容。2014年5月,中欧双方海关就正式签订了《中欧联合海关合作委员会关于〈中华人民共和国政府和欧洲共同体关于海关事务合作和行政互助协定〉下建立中国海关企业分类管理制度和欧洲联盟海关经认证经营者制度互认安排的决定》。

2015年6月,在李克强总理和欧盟领导人的共同见证下,中欧海关签署了《中欧AEO互认联合声明》,决定自2015年11月1日起正式实施AEO互认。

中欧互认实施后,中国3 000多家高级认证企业出口到欧盟的货物,在欧盟38个成员国海关通关时,均可以享受到和对方境内AEO企业相同的通关便利,初步估算通关平均查验率减低约70%,通关速度提高约50%以上,可以有效降低企业港口、保险、物流等贸易成本。

5. 中国—台湾地区AEO互认试点

海峡两岸海关自2016年10月1日起实施"经认证的经营者"

(AEO)互认试点,其主要内容包括:

(1) 明确台湾"安全认证优质企业"(台湾 AEO 企业)与大陆"高级认证企业"(大陆 AEO 企业)双方予以承认。

(2) 互认试点实施时间自 2016 年 10 月 1 日起。

(3) 以大陆到货口岸"南京、福州、厦门海关"与中国台湾到货口岸"高雄、基隆海关"进行试点;并且仅对"海运货物"进行初步试点。

(4) 明确了优惠措施。主要在于对方适用较低进口查验率、简化单证审核和优先通关等。

6. 中国—瑞士 AEO 互认

2017 年 1 月 16 日,在中国国家主席习近平和瑞士联邦委员会主席洛伊特哈德的共同见证下,中瑞两国政府代表在瑞士伯尔尼正式签署《中华人民共和国政府与瑞士联邦委员会关于海关 AEO 互认的协定》,标志着备受关注的中瑞海关 AEO 互认合作项目正式启动实施,将推动两国经贸合作提升到新的高度。

为进一步提升贸易便利化水平,促进两国经贸合作,中国与瑞士两国海关自 2015 年初启动了 AEO(经认证的经营者制度)互认谈判。中瑞双方先后在中国北京、瑞士伯尔尼等地举行了三轮谈判,完成了 AEO 制度比对、企业实地认证评估、便利措施适用和 IT 数据交换等多项议题的磋商,就实现 AEO 互认合作及具体安排达成了共识,最终于 2017 年年初如期签署。互认实施后,中国的海关高级认证 AEO 企业出口到瑞士的货物,可享受瑞士海关给予本国认证企业同等的通关便利。

章节练习题

一、填空题

1. 欧盟的 AEO 认证程序主要包括:_____、_____、_____、授予 AEO 资格、后续监控。

2. 美国 C-TPAT 提出了八项安全标准,分别为:_____、_____、_____、_____、_____、_____、_____、_____。

3. 我国海关给予 AEO 企业诸多通关便利措施,包括_____、_____、适用较低的进出口货物查验率、不实行银行保证金台账制度等措施,为企业赢得更多商机和发展机遇。

4. 西方发达国家为了规避多边贸易制度约束,施行新贸易保护主义,创造出了_____壁垒、_____壁垒、_____壁垒、劳工标准壁垒等。

5. 日本特例通关制度主要由多个子制度构成,主要由_____制度、_____制度、特例保税资格制度、认定通关业者制度、特定保税业务制度和特例制造者制度等构成,对于不同的类别实施不同的认定标准和实施方法。

二、选择题(单项选择题)

1. 欧盟 AEO 制度的特色之一就是将_____贯穿验证稽查全过程。
   A. 科技运用　　　　　　B. 风险管理
   C. 全面管理　　　　　　D. 新技术运用

2. 欧盟海关规定,海关的 AEO 认证程序应在企业提出申请之日起的_____天内完成。
   A. 30　　　B. 60　　　C. 90　　　D. 120

3. 韩国的 AEO 制度规定,认证企业必须每_____年主动向海关提交自查报告。
   A. 1　　　B. 2　　　C. 3　　　D. 5

4.《信用管理暂行办法》取消了 AEO 企业规模门槛限制,也取消了新注册企业申请 AEO 企业需要_____年的时间限制。
   A. 1　　　B. 2　　　C. 3　　　D. 5

5.《信用管理暂行办法》考虑大小企业以及进出口业务量多少

的实际情况,较多的设置_____指标。

A. 绝对值　　B. 相对值　　C. 描述性　　D. 数量性

三、是非题

1. 美国"9·11"事件发生后,为了强化贸易安全,堵塞供应链上安全漏洞,美国国土安全部海关边境保护局制定了C-TPAT。(　　)

2. 美国的C-TPAT制度最大的特点就是海关进一步强化了公权力的强制作用。(　　)

3. 欧盟海关是WCO《标准框架》的主要起草者之一,其AEO制度基本沿用了WCO的标准。(　　)

4. 一个企业只要在欧盟内任一国获得AEO资格,其认证结果即得到欧盟全部成员国的承认。(　　)

5. 与韩国签署的AEO互认安排是我国海关签署的第一个AEO国际互认安排。(　　)

四、论述题

1. 我国的《信用管理暂行办法》制度体现了哪些设计理念?
2. 请简述《信用管理暂行办法》和《分类管理办法》的异同。
3. 我国积极推进AEO国际互认对外贸企业将产生哪些正面影响?

第四章

中国海关 AEO 认证管理体系

• 本章提示 •

通过前面三章的学习,我们基本掌握了《标准框架》及 AEO 制度的基本内容,理解了《标准框架》及 AEO 制度之间的关系以及世界各国 AEO 制度的基本内涵。本章将要详细阐述我国海关 AEO 认证管理体系,帮助大家掌握、理解、运用 AEO 制度及其相关的规则,为将来的工作实践打下良好基础。

第一节 《海关企业信用管理暂行办法》解读

《中华人民共和国海关企业信用管理暂行办法》是海关总署依据国务院发布的《社会信用体系建设规划纲要》的原则和要求，结合我国前期 AEO 制度实践情况，在原《中华人民共和国海关企业分类管理办法》的基础上重新制定的，也是我国目前最新的 AEO 制度。

一、《信用管理暂行办法》的架构和主要内容

《信用管理暂行办法》分为五章二十四条，由总则、企业信用信息采集和公示、企业信用状况认定标准和程序、管理原则和措施，以及附则五个部分构成。

（一）总则

主要阐述《信用管理暂行办法》制定的目的、依据、原则、适用情况、结果运用等内容，具体包括以下几个方面：

（1）目的和依据。为了推进社会信用体系建设，建立企业进出口信用管理制度保障贸易安全与便利，根据《中华人民共和国海关法》及其他有关法律、行政法规的规定，制定该办法。

（2）适用情况。海关注册登记企业信用信息的采集、公示，企业信用状况的认定、管理等。

（3）原则。海关根据企业信用状况将企业分为认证企业、一般信用企业和失信企业，按照诚信守法便利、失信违法惩戒原则，分别适用相应的管理措施。

（4）结果运用。一是认证企业是中国海关经认证的经营者，中国海关依法开展与其他国家（地区）海关的 AEO 互认，并给予互认 AEO 企业相应的通关便利；二是海关可以根据社会信用体系建设

和国际合作需要,与国家有关部门和其他国家(地区)海关建立合作机制,推进信息互换、监管互认、执法互助。

(二)企业信用信息采集和公示

按照国务院发布的《社会信用体系建设规划纲要(2014—2020)》的总体要求,国务院在 2014 年 10 月 1 日实施了《企业信息公示暂行条例》。为了与上述行政法规保持有效衔接,《信用管理暂行办法》建立了海关企业进出口信用信息采集、公示制度。主要包括以下内容。

1. 规定了海关对企业信用信息的采集范围

海关建立企业信用信息管理系统,应当采集能够反映企业进出口信用状况的下列信息,即企业在海关注册登记信息、企业进出口经营信息、AEO 互认信息、企业在其他行政管理部门的信息、其他与企业进出口相关的信息。

2. 规定了海关对企业信用信息的公示范围和时限

海关应当在保护国家秘密、商业秘密和个人隐私的前提下公示企业下列信息,即企业在海关注册登记信息、海关对企业信用状况认定结果、企业行政处罚信息和其他应当公示的企业信息。

海关对企业行政处罚的信息的公示时间为 5 年。

3. 规定了公民、法人或者其他组织对公示内容提出异议的处理方式

公民、法人或者其他组织认为海关公示的企业信用信息不准确的,可以向海关提出异议并提供相关资料或者证明材料。公民提出异议的,提交材料应当本人签字。法人或者其他组织提出异议的,提交材料应当加盖本单位印章。海关应当自收到异议申请之日起 20 日内复核。公民、法人或者其他组织提出异议的理由成立的,海关应当采纳。

(三)企业信用状况认定标准和程序

海关根据企业信用状况将企业分为认证企业、一般信用企业和失信企业。三者认定标准如下。

1. 认证企业标准

认证企业应当符合《海关认证企业标准》,分为一般认证企业标

准和高级认证企业标准。具体标准见本章第二节相关内容。

2. 一般信用企业标准

企业具有下列情形之一的,海关认定为一般信用企业：

(1) 首次注册登记的企业。

(2) 认证企业不再符合《海关认证企业标准》规定条件,且未发生失信情况的。

(3) 适用失信企业管理满1年,且未再发生失信情况的。

3. 失信企业标准

企业有下列情形之一的,海关认定为失信企业：

(1) 有走私犯罪或者走私行为的。

(2) 非报关企业1年内违法海关监管规定行为次数超过上年度报关单、进出境备案清单等相关单证总票数0.1‰且被海关行政处罚金额超过10万元的违规行为2次的,或者被海关行政处罚金额累计超过100万元的；报关企业1年内违法海关监管规定行为次数超过上年度报关单、进出境备案清单等相关单证总票数5‰或者被海关行政处罚金额累计超过10万元的。

(3) 拖欠应缴税款、应缴罚没款项的。

(4) 上一季度报关差错率高于同期全国平均报关差错率1倍以上的。

(5) 经过实地查看,确认企业登记的信息失实且无法与企业取得联系的。

(6) 被海关依法暂停从事报关业务的。

(7) 涉嫌走私、违反海关监管规定拒不配合海关进行调查的。

(8) 海关或者其他企业名义获取不当利益的。

(9) 其他海关认定为失信企业的情形。

企业向海关申请成为认证企业的,海关按照《海关认证企业标准》对企业实施认证。海关应当自收到企业书面认证申请之日起90日内做出认证结论。特殊情形下,海关认证时限可以延长30日。海关或者申请企业可以委托具有法定资质的社会中介机构对企业进行认证,中介机构认证结果经海关认可的,可以作为认定企业信用状况的参考依据。

海关对企业信用状况的认定结果实施动态调整。高级认证企业每3年重新认证一次,一般认证企业不定期重新认证。一般信用企业管理满1年的,可以向海关申请成为认证企业,适用失信企业管理满1年的,且未再发生失信情形的,海关应当将其调整为一般信用企业管理。

(四)管理原则和措施

一般认证企业、高级认证企业、失信企业适用的管理原则和措施分别如下。

1. 一般认证企业适用的管理原则和措施

(1)较低进出口货物查验率。

(2)简化进出口货物单证审核。

(3)优化办理进出口货物通关手续。

(4)海关总署规定的其他管理原则和措施。

2. 高级认证企业适用的管理原则和措施

高级认证企业除适用一般认证企业的管理原则和措施外,还适用下列管理措施:

(1)在确定进出口货物的商品归类、海关估价、原产地或者办结其他海关手续前优先办理验放手续。

(2)海关为企业设立协调员。

(3)对从事加工贸易的企业,不实行银行保证金台账制度。

(4)AEO互认国家或者地区海关提供的通关便利措施。

3. 失信企业适用的管理原则和措施

(1)较高进出口货物查验率。

(2)进出口货物单证重点审核。

(3)加工贸易等环节实施重点监管。

(4)海关总署规定的其他管理原则和措施。

总的来看,高级认证企业适用的管理措施优于一般认证企业,并且享有 AEO 互认带来的更多便利。一般认证企业适用的管理措施优于一般信用企业。一般信用企业适用海关常态管理措施,而失信企业将为失信行为承担严厉的监管措施。各海关企业信用级别差别情况如表 4-1 所示。

表 4-1

不同海关信用级别企业管理措施对比表

比较项	高级认证企业	一般认证企业	一般信用企业	失信企业
企业信用状况管理	1. 最高优惠便利 2. 每 3 年重新认证一次	1. 优惠便利 2. 不定期重新认证	常态管理	严密监视
商业环境	提升综合竞争力,有助于国际合作,获得更多的客户订单	有助于商业伙伴合作		
客户协调员	设立	不设立	不设立	不设立
AEO 国际互认	认可	不认可	不认可	不认可
货物查验率	最低	较低	常态	较高
汇总纳税政策	支持	支持	不支持	不支持
海关通关	在确定进出口货物的商品归类、海关估价、原产地或者办结其他海关手续前先行办理验放手续	简化进出口货物单证审核,优先办理进出口货物通关手续	正常通关	重点审核
银行保证金台账制度(加工贸易企业)	不开设台账,免于缴纳保证金	开设台账,部分缴纳保证金	开设台账,部分缴纳保证金	开设台账,全额缴纳保证金
海关扶持政策	优先享受	便利享受	常态享受	不享受

(五)附则

该部分主要是对办法中所涉及用语的含义、时间的界定等相关内容进行说明,并明确解释权和实施日期。

二、中国海关 AEO 认证企业标准和达成条件

(一)海关认证企业认证标准

作为《信用管理暂行办法》重要的配套执行文件,海关总署以公告 2014 年第 82 号形式于 2014 年 11 月 18 日公布了《海关认证企业

标准》,并自 2014 年 12 月 1 日起施行。《海关认证企业标准》结合国家社会信用体系建设的要求以及海关信用建设实践制定的,它明确了中国海关 AEO 企业的评价标准。《海关认证企业标准》分为一般认证企业标准(表 4-2)和高级认证企业标准(表 4-3),具体来说包括内部控制、财务状况、守法规范、贸易安全和附加标准 5 大类标准,其中,高级认证企业标准有 18 条 32 项具体指标,一般认证企业标准有 18 条 29 项具体指标。

表 4-2

一般认证企业标准

认证标准			达标情况			
一、内部控制情况			达标 0	部分达标 −1	不达标 −2	不适用 —
(一)组织机构控制	1. 内部组织架构	指定高级管理人员负责关务,对企业认证建立书面或者电子档案				
	2. 海关业务培训	(1)企业应当建立海关法律、法规等相关管理规定的内部培训制度				
		(2)法定代表人或其授权人员、负责关务的高级管理人员应当每年至少参加 1 次海关法律法规等相关管理规定的内部培训,及时了解、掌握相关管理规定				
(二)进出口业务控制	3. 单证控制	具备进出口单证复核或者纠错制度或者程序 (1)进出口货物收发货人:在申报前或者委托申报前有专门部门或者岗位人员对进出口单证涉及的价格、归类、原产地、数量、品名、规格等内容的真实性、准确性和规范性进行内部复核 (2)报关企业:代理申报前,有专门部门或者岗位人员对委托人提供的监管证件、商业单据、进出口单证等资料的真实性、完整性和有效性进行合理审查 (3)物流企业:有专门部门或者岗位人员对运输工具进出境申报信息、舱单及相关电子数据、转关单(载货清单)等物流信息的准确性、一致性进行复核				

(续表)

		认证标准	达标情况			
(二)进出口业务控制	4. 单证保管	(1) 按海关要求建立进出口单证管理制度,确保企业保存的进出口纸质和电子报关单证、物流信息档案的及时性、完整性、准确性与安全性				
		(2) 妥善保管报关专用印章,以及海关核发的证书、法律文书				
(三)内部审计控制	5. 内审制度	(1) 设立专门的内部审计机构或者岗位,或者聘请外部专职人员独立对进出口业务等实施内部审计				
		(2) 每年至少内审1次,建立内审书面或者电子档案				
	6. 责任追究	(1) 建立对进出口业务发现的问题或者违法行为的责任追究制度或者措施				
		(2) 建立对企业人员和报关人员私揽货物报关、假借海关名义牟利、向海关人员行贿等行为的责任追究制度或者措施				
	7. 改进机制	(1) 建立改进制度或者措施				
		(2) 对海关要求的规范改进事项,应由负责关务的高级管理人员直接负责具体的规范改进实施				
(四)信息系统控制	8. 信息安全	(1) 建立信息安全管理制度,保护信息系统安全,并对员工进行相关培训				
		(2) 有专门程序或者制度,识别信息系统的非正常使用,包括非法入侵信息系统,篡改或者更改业务数据,并对上述行为有严格的责任追究。信息系统要使用专人账户和密码,并且定期更改用户密码				
		(3) 有专门程序或者制度,保护系统和数据,有数据恢复、备份等手段防止信息丢失,应用反病毒软件和防火墙技术				

(续表)

认证标准			达标情况		
二、财务状况标准					
(五)财务状况	9. 会计信息	会计账簿和财务会计报告等会计资料真实、准确、完整记录和反映进出口活动的有关情况,财务处理及时、规范			
	10. 偿付能力	(1) 企业财务的速动比率在安全或者正常范围内			
		(2) 企业财务的资产负债率在安全或者正常范围内			
	11. 盈利能力	企业主营业务利润率在安全或者正常范围内			
	12. 缴税能力	生产型进出口货物收发货人:上月月末固定资产净值不低于其3年内向海关单笔纳税最高额 非生产型进出口货物收发货人:上年度经营性现金净流量不为负	达标 0	不达标 −2	不适用 —
(六)遵守法律、法规	13. 人员违法记录	企业法定代表人(负责人)、负责关务的高级管理人员、财务负责人连续2年无故意犯罪记录			
	14. 违法记录	(1) 连续2年无走私犯罪、走私行为			
		(2) 非报关企业:1年内因违反海关监管规定被处罚金额超过3万元且10万元以下的行为不超过1次 报关企业:1年内因违反海关监管规定被处罚金额超过1万元且3万元以下的行为不超过1次			
		(3) 非报关企业:1年内违反海关监管规定行为的处罚金额累计10万元以下,且违法次数在5次以下或者虽然超过5次,但违规次数与上年度企业进出口相关单证[报关单及进出境备案清单、运输工具进出境申报信息、舱单及相关电子数据、转关单(载货清单)]总票数比例不超过0.1‰。(企业自查发现并主动向海关报明,被海关处以警告以及3万元以下罚款的除外) 报关企业:1年内违反海关监管规定行为的次数不超过企业上年度代理申报报关单及进出境备案清单总票数比例不超过3‰,且处罚金额累计5万元以下。(企业自查发现并主动向海关报明,被海关处以警告以及1万元以下罚款的除外)			

(续表)

认证标准			达标情况			
(七) 进出口业务规范	15. 注册信息	报关单位：按规定报送《报关单位注册信息年度报告》，企业及报关人员在海关的注册登记内容与实际相符 其他企业：在海关的注册登记内容与实际相符				
	16. 进出口记录	上年度或者本年度有进出口活动或者为进出口活动提供相关服务				
	17. 申报（传输）规范	(1) 报关企业：连续4个季度单季报关差错率不超过同期全国平均报关差错率 进出口货物收发货人：连续4个季度单季报关差错率或者所委托报关企业报关差错率不超过同期全国平均报关差错率 物流企业：连续4个季度单季舱单及相关电子数据传输差错率不超过同期全国平均传输差错率，连续4个季度单季运输工具进出境申报信息、转关单（载货清单）等物流信息的申报差错率不超过同期全国平均申报差错率				
		(2) 连续2个季度单季规范申报率超过85%				
		(3) 上年度及本年1至上月手(账)册超期未报核情事不超过1次				
	18. 税款缴纳	(1) 上年度以及本年度1至上月滞纳税款报关单率不超过5%				
		(2) 截至认证期间，没有超过法定缴款期限尚未缴纳的税款及罚没款项情事				
(八) 符合海关管理要求	19. 管理要求	(1) 连续2年未发现有向海关提供虚假情况或者隐瞒重要事实、拒绝或者拖延提供账簿单证资料、故意转移、隐匿、篡改、毁弃账簿单证资料等逃避海关稽查、逃避税款征缴的情形，或者无正当理由拒不配合海关执法或者海关管理的情形				
		(2) 连续2年未发现企业报送信息有隐瞒真实情况、弄虚作假的情形				

(续表)

		认证标准	达标情况			
（八）符合海关管理要求	19. 管理要求	（3）连续2年未发现有假借海关或者其他企业名义获取不当利益的情形				
		（4）连续2年未发现有向海关人员行贿的行为				
（九）未有不良外部信用	20. 外部信用	企业或者其企业法定代表人（负责人）、负责关务的高级管理人员、财务负责人连续1年在工商、商务、税务、银行、外汇、检验检疫、公安、检察院、法院等部门未被列入经营异常名录、失信企业或者人员名单、黑名单企业、人员				
三、贸易安全标准			达标 0	部分达标 －1	不达标 －2	不适用 —
（十）场所安全控制措施	21. 场所安全	企业有检查、阻止未经许可的人员进入企业生产经营场所的书面制度和程序 （1）大门和传达室：车辆、人员进出的大门配备人员驻守 （2）建筑结构：建筑物的建造方式确保能够防止非法闯入。定期对建筑物进行检查和修缮，确保其完好无损 （3）锁闭装置及钥匙保管：所有内外窗户、大门和围栏都设有足够数量的锁闭装置。管理层或者保安人员要保管所有锁和钥匙				
（十一）进入安全控制措施	22. 进入安全	企业实施员工和访客进出管理，有保护公司资产的书面制度和程序 （1）员工：具有员工身份识别系统，对员工进行身份识别和进入控制。对员工、访客的身份标识（比如钥匙、钥匙卡等）的发放和回收进行统一管理和登记 （2）访客：对进入企业的访客要检查带有照片的身份证件并进行登记，访客要佩戴临时身份标识并且有内部人员陪同				

(续表)

认证标准			达标情况			
（十二）人员安全控制措施	23.	人员安全	企业有审查拟聘员工和定期审查现有员工的书面制度和程序，提供动态的员工清单，包含姓名、出生日期、身份证号码、担任职位 (1) 聘用前审核：聘用员工前，应对其应聘申请信息（例如就业经历、推荐信等）进行核实 (2) 背景调查：聘用员工前，应对其进行有无违法犯罪记录进行安全背景的检查或者调查。一经录用，要根据员工表现，以及对处于重要敏感工作岗位的员工进行定期审查和重新调查 (3) 员工离职程序：应有书面制度和程序，对离职或者停职员工及时收回工作证件、设备，并禁止其进入企业生产经营场所及使用企业信息系统			
（十三）商业伙伴安全控制措施	24.	商业伙伴安全	企业有要求商业伙伴供应链安全的书面制度和程序 书面文件：在合同、协议或者其他书面资料中要求商业伙伴按照本认证标准优化和完善贸易安全管理			
（十四）货物安全控制措施	25.	货物安全	企业有确保供应链中货物在运输、搬运和存放过程中的完整性和安全性的措施和程序 (1) 装运和接收货物：运抵的货物要与货物单证的信息相符，核实货物的重量、标签、件数或者箱数。离岸的货物要与购货订单或者装运订单上的内容进行核实。在货物关键交接环节有签名、盖章等保护制度 (2) 货物差异：在出现货物溢、短装或者其他异常现象时要及时报告或者采取其他应对措施，并有书面制度和程序			
（十五）集装箱安全控制措施	26.	集装箱安全	企业有确保集装箱的完整性，以防止未经许可的货物或者人员混入的措施和程序 集装箱检查：在装货前检查集装箱结构的物理完整性和可靠性，包括门的锁闭系统的可靠性，并做好相关登记			

(续表)

认证标准			达标情况	
（十六）运输工具安全控制措施	27. 运输工具安全	企业有确保运输工具（拖车和挂车）的完整性，防止未经许可的人员或者物品混入的书面制度和程序 (1) 运输工具存储：运输工具要停放在安全的区域，以防止未经许可的进入或者其他损害，有报告和解决未经许可擅自进入或者损害的程序 (2) 司机身份核实：在货物被接收或者发放前，应对装运或者接收货物的驾驶员进行身份认定		
（十七）危机管理控制措施	28. 危机管理	企业有应对灾害或者紧急安全事故等异常情况的书面制度和程序 应急机制：具备对灾害或者紧急安全事故等异常情况的报告、处置等应急程序或者机制		
四、附加标准			符合 2	不适用 0
（十八）加分标准	29. 加分项目	有下列情形之一的，经海关确认后可以加分： (1) 属于海关特殊监管区域内企业 (2) 属于国家鼓励和扶持的信息技术、节能环保、新能源、高端装备制造、新材料等产业之一的企业 (3) 被中国报关协会等全国性行业组织评为优秀报关企业等荣誉称号的 (4) 属于中国外贸出口先导指数样本企业，且1年内填报问卷及时率在90%以上、问卷答案与出口增速的吻合度在0.3以上的；或者属于进口货物使用去向调查样本企业、其他统计专项调查样本企业，且1年内填报问卷及时率和复核准确率在90%以上的 (5) 属于积极配合海关开展报关单证企业存单，且连续4个季度单季存单及时率、准确率高于全国平均水平的企业		

表 4-3

高级认证企业标准

认证标准			达标情况			
			达标 0	部分达标 −1	不达标 −2	不适用 —
一、内部控制情况						
(一)组织机构控制	1.内部组织架构	(1)进出口业务、财务、内部监督等部门职责分工明确				
		(2)指定高级管理人员负责关务,对企业认证建立书面或者电子档案				
	2.海关业务培训	(1)企业应当建立海关法律、法规等相关管理规定的内部培训制度				
		(2)法定代表人或其授权人员、负责关务的高级管理人员应当每年至少参加1次海关法律、法规等相关管理规定的内部培训,及时了解、掌握相关管理规定				
(二)进出口业务控制	3.单证控制	具备进出口单证复核或者纠错制度或者程序 进出口货物收发货人:在申报前或者委托申报前有专门部门或者岗位人员对进出口单证涉及的价格、归类、原产地、数量、品名、规格等内容的真实性、准确性和规范性进行内部复核 报关企业:代理申报前,有专门部门或者岗位人员对委托人提供的监管证件、商业单据、进出口单证等资料的真实性、完整性和有效性进行合理审查 物流企业:有专门部门或者岗位人员对运输工具进出境申报信息、舱单及相关电子数据、转关单(载货清单)等物流信息的准确性、一致性进行复核				
	4.单证保管	(1)按海关要求建立进出口单证管理制度,确保企业保存的进出口纸质和电子报关单证、物流信息档案的及时性、完整性、准确性与安全性				
		(2)妥善保管报关专用印章,以及海关核发的证书、法律文书				

（续表）

认证标准			达标情况		
（二）进出口业务控制	5. 进出口活动	进出口业务管理流程设置合理、完备，涉及的货物流、单证流、信息流能够得到有效控制，经抽查，未发现有不符合海关监管规定的情形			
（三）内部审计控制	6. 内审制度	(1) 设立专门的内部审计机构或者岗位，或者聘请外部专职人员独立对进出口业务等实施内部审计			
		(2) 每年至少内审1次，建立内审书面或者电子档案			
	7. 责任追究	(1) 建立对进出口业务发现的问题或者违法行为的责任追究制度或者措施			
		(2) 建立对企业人员和报关人员私揽货物报关、假借海关名义牟利、向海关人员行贿等行为的责任追究制度或者措施			
	8. 改进机制	(1) 建立改进制度或者措施			
		(2) 对海关要求的规范改进事项，应由负责关务的高级管理人员直接负责具体的规范改进实施			
（四）信息系统控制	9. 信息系统	具备真实、准确、完整、有效记录企业生产经营、进出口或者代理报关活动的信息系统，特别是财务控制、关务、物流控制等功能模块有效运行			
	10. 数据管理	(1) 生产经营数据和与进出口活动有关的数据及时、准确、完整录入系统。系统数据自进出口货物办结海关手续之日起保存3年以上			
		(2) 进出口或者代理报关活动等主要环节在系统中能够实现流程检索、跟踪			
	11. 信息安全	(1) 建立信息安全管理制度，保护信息系统安全，并对员工进行相关培训			
		(2) 有专门程序或者制度，识别信息系统的非正常使用，包括非法入侵信息系统，篡改或者更改业务数据，并对上述行为有严格的责任追究。信息系统要使用专人账户和密码，并且定期更改用户密码			

(续表)

认证标准			达标情况		
(四)信息系统控制	11. 信息安全	(3)有专门程序或者制度,保护系统和数据,有数据恢复、备份等手段防止信息丢失,应用反病毒软件和防火墙技术			
二、财务状况标准					
(五)财务状况	12. 会计信息	(1)会计账簿和财务会计报告等会计资料真实、准确、完整记录和反映进出口活动的有关情况,财务处理及时、规范 (2)企业申请认证的,提交当年度会计师事务所审计报告,审计报告所反映的企业财务状况真实、完整、规范、合法;重新认证的,企业自成为高级认证企业起每年接受会计师事务所审计,审计报告所反映的企业财务状况真实、完整、规范、合法			
	13. 偿付能力	(1)企业财务的速动比率在安全或者正常范围内 (2)企业财务的资产负债率在安全或者正常范围内			
	14. 盈利能力	企业主营业务利润率在安全或者正常范围内			
	15. 缴税能力	生产型进出口货物收发货人:上月月末固定资产净值不低于其3年内向海关单笔纳税最高额 非生产型进出口货物收发货人:上年度经营性现金净流量不为负	达标 0	不达标 -2	不适用 —
(六)遵守法律法规	16. 人员违法记录	企业法定代表人(负责人)、负责关务的高级管理人员、财务负责人连续2年无故意犯罪记录			
	17. 违法记录	(1)连续2年无走私犯罪、走私行为 (2)非报关企业:1年内无因违反海关监管规定被处罚金额超过3万元的行为 报关企业:1年内因违反海关监管规定被处罚金额超过1万元的行为			

(续表)

		认证标准	达标情况		
（六）遵守法律法规	17. 违法记录	（3）非报关企业：1年内违反海关监管规定行为的处罚金额累计5万元以下，且违法次数在5次以下或者虽然超过5次，但违法次数与上年度企业进出口相关单证［报关单及进出境备案清单、运输工具进出境申报信息、舱单及相关电子数据、转关单（载货清单）］总票数比例不超过0.1%（企业自查发现并主动向海关报明，被海关处以警告以及3万元以下罚款的除外） 报关企业：1年内违反海关监管规定行为的次数不超过上年度代理申报报关单及进出境备案清单总票数的1‰，且处罚金额累计3万元以下（企业自查发现并主动向海关报明，被海关处以警告以及1万元以下罚款的除外）			
（七）进出口业务规范	18. 注册信息	报关单位：按规定报送《报关单位注册信息年度报告》，企业及报关人员在海关的注册登记内容与实际相符 其他企业：在海关的注册登记内容与实际相符			
	19. 进出口记录	上年度或者本年度有进出口活动或者为进出口活动提供相关服务			
	20. 申报（传输）规范	（1）报关企业：连续4个季度单季报关差错率不超过同期全国平均报关差错率。进出口货物收发货人：连续4个季度单季报关差错率或者所委托报关企业报关差错率不超过同期全国平均报关差错率。物流企业：连续4个季度单季舱单及相关电子数据传输差错率不超过同期全国平均传输差错率，连续4个季度单季运输工具进出境申报信息、转关单（载货清单）等物流信息的申报差错率不超过同期全国平均申报差错率 （2）连续2个季度单季规范申报率超过90% （3）上年度及本年1至上月手（账）册超期未报核情事不超过1次			

(续表)

认证标准			达标情况			
(七)进出口业务规范	21. 税款缴纳	(1) 上年度以及本年度1至上月滞纳税款报关单率不超过5%				
		(2) 截至认证期间,没有超过法定缴款期限尚未缴纳的税款及罚没款项情事				
(八)符合海关管理要求	22. 管理要求	(1) 连续2年未发现有向海关提供虚假情况或者隐瞒重要事实、拒绝或者拖延提供账簿单证资料、故意转移、隐匿、篡改、毁弃账簿单证资料等逃避海关稽查、逃避税款征缴的情形,或者无正当理由拒不配合海关执法或者海关管理的情形				
		(2) 连续2年未发现企业报送信息有隐瞒真实情况、弄虚作假的情形				
		(3) 连续2年未发现有假借海关或者其他企业名义获取不当利益的情形				
		(4) 连续2年未发现有向海关人员行贿的行为				
(九)未有不良外部信用	23. 外部信用	企业或者其企业法定代表人(负责人)、负责关务的高级管理人员、财务负责人连续1年在工商、商务、税务、银行、外汇、检验检疫、公安、检察院、法院等部门未被列入经营异常名录、失信企业或者人员名单、黑名单企业、人员				
三、贸易安全标准			达标 0	部分达标 −1	不达标 −2	不适用 —
(十)场所安全控制措施	24. 场所安全	企业有检查、阻止未载明的货物和未经许可的人员进入场所、货物装卸和储存区域的书面制度和程序;进出口货物进出的区域设有隔离设施,以防止未经许可的人员进入 (1) 大门和传达室:车辆、人员进出的大门配备人员驻守 (2) 建筑结构:建筑物的建造方式能够防止非法闯入。定期对建筑物进行检查和修缮,确保其完好无损				

(续表)

		认证标准	达标情况		
（十）场所安全控制措施	24. 场所安全	(3) 照明：企业生产经营场所配备充足的照明，包括以下区域：出入口,货物装卸和储存区,围墙周边及停车场/停车区域 (4) 报警系统及视频监控摄像机：装配报警系统和视频监控摄像机,监测以下区域：出入口,货物装卸和储存区,围墙周边及停车场/停车区域,防止未经许可进入货物存储以及装卸区 (5) 存储区域：在货物装卸和储存区域,以及用于存放进出口货物的区域,设有隔离设施,以阻止任何未经许可的人员进入 (6) 锁闭装置及钥匙保管：所有内外窗户,大门和围栏都设有足够数量的锁闭装置。管理层或者保安人员要保管所有锁和钥匙			
（十一）进入安全控制措施	25. 进入安全	企业实施门禁管理,有员工和访客进出、保护公司资产的书面制度和程序 (1) 员工：具有员工身份识别系统,对员工进行身份识别和进入控制。对员工、访客的身份标识（比如,钥匙、钥匙卡等)的发放和回收进行统一管理和登记 (2) 访客：对进入企业的访客要检查带有照片的身份证件并进行登记,访客要佩戴临时身份标识并且有内部人员陪同 (3) 未经许可进入、身份不明的人员：有识别、质询和确认未经许可进入、身份不明的人员的程序；发现可疑人员进入的,企业员工要及时报告			
（十二）人员安全控制措施	26. 人员安全	企业有审查拟聘员工和定期审查现有员工的书面制度和程序,提供动态的员工清单,包含姓名、出生日期、身份证号码、担任职位 (1) 聘用前审核：聘用员工前,要对其应聘申请信息(例如,就业经历、推荐信等)进行核实			

(续表)

		认证标准	达标情况		
(十二) 人员安全控制措施	26. 人员安全	(2) 背景调查：聘用员工前，要对其进行有无违法犯罪记录等安全背景的检查或者调查。一经录用，要根据员工表现，以及对处于重要敏感工作岗位的员工进行定期审查和重新调查 (3) 员工离职程序：有书面制度和程序，对离职或者停职员工及时收回工作证件、设备，并禁止其进入企业生产经营场所及使用企业信息系统 (4) 安全培训：要对员工进行供应链安全意识的日常性培训，员工要了解企业应对某种状况以及进行报告的程序			
(十三) 商业伙伴安全控制措施	27. 商业伙伴安全	企业有评估、要求、检查商业伙伴供应链安全的书面制度和程序 (1) 全面评估：在筛选商业伙伴时根据本认证标准对商业伙伴进行全面评估，重点评估守法合规和贸易安全，并有书面制度和程序 (2) 书面文件：在合同、协议或者其他书面资料中要求商业伙伴按照本认证标准优化和完善贸易安全管理 (3) 监控检查：定期监控或者检查商业伙伴遵守贸易安全要求的情况，并有书面制度和程序			
(十四) 货物安全控制措施	28. 货物安全	企业有确保供应链中货物在运输、搬运和存放过程中的完整性和安全性的措施和程序 (1) 装运和接收货物：运抵的货物要与货物单证的信息相符，核实货物的重量、标签、件数或者箱数。离岸的货物要与购货订单或者装运单上的内容进行核实。在货物关键交接环节有签名、盖章等保护制度 (2) 货物差异：在出现货物溢、短装或者其他异常现象时要及时报告或者采取其他应对措施，并有书面制度和程序			

(续表)

		认证标准	达标情况		
（十五）集装箱安全控制措施	29. 集装箱安全	企业有确保集装箱的完整性，以防止未经许可的货物或者人员混入的措施和程序 (1) 集装箱检查：在装货前检查集装箱结构的物理完整性和可靠性，包括门的锁闭系统的可靠性，并做好相关登记。检查建议采取"七点检查法"（即对集装箱按以下顺序检查：前壁、左侧、右侧、地板、顶部、内/外门、外部/起落架） (2) 集装箱封条：已装货集装箱要施加高安全度的封条，所有封条都要符合或者超出现行 PAS ISO 17712 对高度安全封条的标准，封条有专人管理、登记。要建立施加和检验封条的书面制度和程序，以及封条异常的报告机制 (3) 集装箱存储：集装箱要保存在安全的区域，以防止未经许可的进入或者改装，有报告和解决未经许可擅自进入集装箱或者集装箱存储区域的程序			
（十六）运输工具安全控制措施	30. 运输工具安全	企业有确保运输工具（拖车和挂车）的完整性，防止未经许可的人员或者物品混入的书面制度和程序 (1) 运输工具检查程序：有专门程序或者制度检查出入运输工具，防止藏匿可疑物品 (2) 运输工具存储：运输工具要停放在安全的区域，以防止未经许可的进入或者其他损害，有报告和解决未经许可擅自进入或者损害的程序 (3) 司机身份核实：在货物被接收或者发放前，应对装运或者接收货物的驾驶员进行身份认定			
（十七）危机管理控制措施	31. 危机管理	企业有应对灾害或者紧急安全事故等异常情况的书面制度和程序 (1) 应急机制：具备对灾害或者紧急安全事故等异常情况的报告、处置等应急程序或者机制 (2) 应急培训：要对员工进行应急培训 (3) 异常报告：发现有灾害或者紧急安全事故等异常情况、非法或者可疑活动，要报告海关或者其他有关执法机关			

(续表)

认证标准			达标情况	
四、附加标准			符合 2	不适用 0
(十八) 加分标准	32. 加分项目	有下列情形之一的,经海关确认后可以加分 (1) 属于海关特殊监管区域内企业 (2) 属于国家鼓励和扶持的信息技术、节能环保、新能源、高端装备制造、新材料等产业之一的企业 (3) 被中国报关协会等全国性行业组织评为优秀报关企业等荣誉称号的 (4) 属于中国外贸出口先导指数样本企业,且1年内填报问卷及时率在90%以上、问卷答案与出口增速的吻合度在0.3以上的;或者属于进口货物使用去向调查样本企业、其他统计专项调查样本企业,且1年内填报问卷及时率和复核准确率在90%以上的 (5) 属于积极配合海关开展报关单证企业存单,且连续4个季度单季存单及时率、准确率高于全国平均水平的企业		

(二) 海关认证企业认证流程

我国海关规定自收到企业书面认证申请之日起90日内应当做出认证结论。特殊情形下,海关认证时限可以延长30日。具体的认证流程如下。

1. 自我评估

海关提出适用高级认证企业管理申请前,企业需要按照《海关认证企业标准》(详见海关总署公告2014年第82号附件1)进行自我评估,并将自我评估报告随认证申请一并提交海关。

2. 初步审核

在接到企业申请后实地认证前,海关认证人员将会调阅各类系统,认真核对企业的注册信息、进出口业务情况、守法规范信息等,分析和判别认证企业进出口业务的主要类型、业务特点、企业资信水平,并从上万条数据中提炼出实地认证需要重点关注的项目和内容。

3. 宣传辅导

海关认证人员在实地认证前会提前将认证时间通知企业,并积极向企业宣传实地认证的主要程序和《海关企业认证标准》的主要内容,帮助和辅导企业更好地理解和掌握标准的释义,主动做好迎接海关实地认证的各项工作准备。

4. 实地认证

海关认证人员组成认证小组,共同对照着认证企业标准中内部控制、财务状况、守法规范、贸易安全等标准逐一核实情况。采取的方式主要有以下几种:

(1)查阅企业各项规章制度根据认证标准规定,要求企业提供标准对应的企业各项规章制度,如内部培训制度、单证管理制度、内部审计制度等。

(2)验证企业制度落实情况。在查阅书面制度的基础上,通过查看企业经营活动、日常管理的记录和日志等,验证企业在制度落实方面的有效性和真实性。

(3)抽取企业进出口单证。结合认证前的数据分析,现场抽查企业近年来的进出口报关单证,核查是否有不符合海关监管规定的情形。

(4)现场实地了解企业情况。海关认证人员到企业厂区现场查看和核实认证标准的落实情况,如场所安全、货物装卸、集装箱检查等重点区域,实时的现场记录将成为认证的重点。

5. 汇总评分

在实地认证结束后,海关认证小组将会对企业认证的实际情况进行集体讨论、客观评估,根据企业认证标准赋分规则,企业所有项目均没有不达标的且认证标准总分在 95 分及以上的,可以通过海关认证。如按照规定可以进行规范改进的,海关认证人员将会辅导企业进行完善和改进,在规定时间内完成改进并符合认证标准的,也可以通过海关认证。

以上是企业主动申请适用海关认证企业管理的情形,海关对企业信用认定实施的是动态调整,对已认定的高级认证企业每3年重新认证一次,对已认定的一般认证企业不定期重新认证。

(三)赋分规则及通过条件

1. 基础标准赋分规则

基础标准赋分规则是指对企业内部控制、财务状况、守法规范、贸易安全标准的赋分规则。

赋分选项分为两种:一是"达标""部分达标""不达标",对应分值分别为"0""-1""-2"。二是"达标""不达标",对应分值分别为"0""-2"。

(1)达标:企业实际情况符合该项标准。该项标准中有分项标准[用"(1)""(2)""(3)"等表示]的,也应符合每个分项标准。

(2)部分达标:企业实际情况基本符合该项标准。该项标准中有分项标准[用"(1)""(2)""(3)"等表示]的,也应基本符合每个分项标准。

(3)不达标:企业实际情况不符合该项标准。

相关标准项不适用于该经营类别企业的,海关不再对该项标准进行认证。

2. 附加标准赋分规则

附加标准赋分规则设定"符合""不适用"选项,对应分值为"2""0"。

附加标准分值最高为"2",不重复计分。

3. 认证通过条件及改进适用情形

企业同时符合下列两个条件并经海关认定的,即通过认证:

(1)所有赋分项目均没有不达标的(-2)情形。

(2)认证标准总分达到95分及95分以上。

认证标准总分=100+(所有赋分项目得分总和)

高级认证企业标准除第12、第13、第14、第15、第17、第22、第

23 项外,一般认证企业除第 9、第 10、第 11、第 12、第 14、第 19、第 20 项外,其他项不达标或者部分达标的,允许企业规范改进。规范改进期限由海关确定,最长不超过 90 日。根据企业规范改进情况,海关认定其是否通过认证。

第二节 海关认证企业标准项分析

海关认证企业分为一般认证企业和高级认证企业,认证标准有所不同,以下参照海关发布的《海关企业认证标准》结合各地海关及相关企业实际操作情况对高级认证企业标准和一般认证企业标准及对应的认证要求逐项进行分析。

一、高级认证企业标准项详解

1. 内部组织架构

认证标准:

(1)进出口业务、财务、内部监督等部门职责分工明确。

(2)高级管理人员负责关务,对企业认证建立书面或者电子档案。

认证要求:

(1)准备各部门(含管理层)职责分工的文件及组织架构图。

(2)明确各部门(含进出口业务、财务、内部监督)具体职责。

(3)明确负责关务的高级管理人员。

(4)准备企业认证的书面或者电子档案。

2. 海关业务培训

认证标准:

(1)企业应当建立海关法律、法规等相关管理规定的内部培训制度。

(2) 法定代表人或其授权人员、负责关务的高级管理人员应当每年至少参加 1 次海关法律、法规等相关管理规定的内部培训,及时了解、掌握相关管理规定。

认证要求:

(1) 应准备企业内部培训制度(含海关法律、法规内容)。

(2) 应准备培训记录,确保法定代表人或者其他授权人员、负责关务的高级管理人员每年至少参加 1 次海关法律、法规等相关管理规定的内部培训。

3. 单证控制

认证标准:具备进出口单证复核/纠错制度或者程序。

(1) 进出口货物收发货人:在申报前或者委托申报前有专门部门或者岗位人员对进出口单证涉及的价格、归类、原产地、数量、品名、规格等内容的真实性、准确性和规范性进行内部复核。

(2) 报关企业:代理申报前,有专门部门或者岗位人员对委托人提供的监管证件、商业单据、进出口单证等资料的真实性、完整性和有效性进行合理审查。

(3) 物流企业:有专门部门或者岗位人员对运输工具进出境申报信息、舱单及相关电子数据、转关单(载货清单)等物流信息的准确性、一致性进行复核。

认证要求:

(1) 应准备进出口单证复核、纠错的机制或程序,确保专人负责复核、纠错。

(2) 进出口货物收发人应在申报前或者委托申报前有专门部门或者岗位人员对进出口单证涉及的价格、归类、原产地、数量、品名、规格等内容的真实性、准确性和规范性进行内部复核,做好书面或者电子记录备查。

(3) 报关企业应在代理申报前,有专门部门或者岗位人员对委托人提供的监管证件、商业单据、进出口单证等资料的真实性、完整性和有效性进行合理审查,做好书面或者电子记录备查。

（4）物流企业应有专门部门或者岗位人员对运输工具进出境申报信息、舱单及相关电子数据、转关单（载货清单）等物流信息的准确性、一致性进行复核，并做好书面或者电子记录备查。

4. 单证保管

认证标准：

（1）按海关要求建立进出口单证管理制度，确保企业保存的进出口纸质和电子报关单证、物流信息档案的及时性、完整性、准确性与安全性。

（2）妥善保管报关专用印章，以及海关核发的证书、法律文书。

认证要求：

（1）应准备进出口单证管理制度，按照海关要求对进出口纸质和电子报关单证、物流信息档案进行妥善保管。

（2）确保对报关专用印章、海关制核发的证书、法律文书等有效保管。

5. 进出口活动

认证标准：进出口业务管理流程设置合理、完备，涉及的货物流、单证流、信息流能够得到有效控制，经抽查，未发现有不符合海关监管规定的情形。

认证要求：

（1）应准备货物物流、单证流、信息流的流程控制的书面文件，确保合规和风险可控。

（2）一般贸易：企业所涉及的进出口货物在价格、归类、原产地、数量、品名、规格等方面无不符合海关监管规定的情形。

（3）加工贸易企业及保税进出口：适用电子E账册的企业所涉及的料件进口、单耗管理、外发加工、深加工结转、库存盘点、成品复出口、内销外置等环节无不符合海关监管规定的情形；使用电子手册的企业，加工贸易业务管理应按照流程规定执行。

（4）减免税货物（含不作价设备）：使用和处置无不符合海关监

管规定的情形。

（5）保税物流及免税销售：无不符合海关监管规定的情形。

（6）其他贸易方式货物进出口（以上四类除外）：企业所涉及货物或者物品无不符合海关监管规定的情形。

6. 内审制度

认证标准：

（1）设立专门的内部审计机构或者岗位，或者聘请外部专职人员独立对进出口业务等实施内部审计。

（2）每年至少内审1次，建立内审书面或者电子档案。

认证要求：

（1）应准备企业内部审计制度的书面文件，设立专门的内部审计机构或岗位，或聘请外部专职人员独立对进出口业务等实施内部审计。

（2）应准备企业内部审计档案（或审计报告等），每年至少内审一次。

7. 责任追究

认证标准：

（1）建立对进出口业务发现的问题或者违法行为的责任追究制度或者措施。

（2）建立对企业人员和报关人员私揽货物报关、假借海关名义牟利、向海关人员行贿等行为的责任追究制度或者措施。

认证要求：应准备企业责任追究制度或者措施的书面文件，明确对进出口业务发现的问题或者违法行为进行责任追究；明确对企业人员和报关人员私揽货物报关、假借海关名义牟利、向海关人员行贿等行为进行责任追究。

8. 改造机制

认证标准：

（1）建立改进制度或者措施。

（2）对海关要求的规范改进事项，应由负责关务的高级管理人员直接负责具体的规范改进实施。

认证要求：

（1）应准备企业改进制度或措施的书面文件。

（2）应指定负责关务的高级管理人员直接负责按照海关要求的规范进行改进事项的具体规范改进实施。

9. 信息系统

认证标准：具备真实、准确、完整、有效记录企业生产经营、进出口或者代理报关活动的信息系统，特别是财务控制、关务、物流控制等功能模块有效运行。

认证要求：企业系统应真实、准确、完整、有效记录企业生产经营、进出口或者代理报关活动，具备财务控制和关务物流控制模块。

10. 数据管理

认证标准：

（1）生产经营数据以及与进出口活动有关的数据及时、准确、完整录入系统。系统数据自进出口货物办结海关手续之日起保存3年以上。

（2）进出口或者代理报关活动等主要环节在系统中能够实现流程检索、跟踪。

认证要求：

（1）企业应可通过系统进行生产经营数据以及进出口活动有关数据的录入等操作并保证录入数据的及时性、完整性、准确性。系统数据自进出口货物办结海关手续之日起保存3年。

（2）企业应可通过系统实现进出口或者代理报关活动等主要环节的流程检索、跟踪。

11. 信息安全

认证标准：

（1）建立信息安全管理制度，保护信息系统安全，并对员工进行相关培训。

(2) 有专门程序或者制度,识别信息系统的非正常使用,包括非法入侵信息系统,篡改或者更改业务数据,并对上述行为有严格的责任追究。信息系统要使用专人账户和密码,并且定期更改用户密码。

(3) 有专门程序或者制度,保护系统和数据,有数据恢复、备份等手段防止信息丢失,应用反病毒软件和防火墙技术。

认证要求:

(1) 应准备企业信息安全管理制度和培训记录。

(2) 应准备企业信息系统使用手册,有专门程序或者制度,识别信息系统的非正常使用,包括侵入信息系统、篡改或者更改业务数据,并对上述行为有严格的责任追究。信息系统要使用专人账户和密码,并且定期更改用户密码。

(3) 企业系统应具备数据恢复、备份手段,应用反病毒软件和防火墙技术。

12. 会计信息

认证标准:

(1) 会计账簿和财务会计报告等会计资料真实、准确、完整记录和反映进出口活动的有关情况,财务处理及时、规范。

(2) 企业申请认证的,提交当年度会计师事务所审计报告,审计报告所反映的企业财务状况真实、完整、规范、合法;重新认证的企业自成为高级认证企业起每年接受会计师事务所审计,审计报告所反映的企业财务状况真实、完整、规范、合法。

认证要求:应准备企业当年度出具的审计报告;重新认证的,应准备自成为高级认证企业以来每年的审计报告。

13. 偿付能力

认证标准:

(1) 企业财务的速动比率在安全或者正常范围内。

(2) 企业财务的资产负债率在安全或者正常范围内。

认证要求:

(1) 企业财务的速动比率在安全或者正常范围内;以国资委最

新颁布的《企业绩效评价标准值》(优秀值、良好值、平均值、较低值、较差值)作为参照;速动比率≥平均值,为达标;较差值≤速动比率＜平均值,为部分达标;速动比率＜较差值,为不达标。在该项指标达标前,进出口货物收发货人如提供了银行或非银行金融机构不低于企业3年内向海关单笔纳税最高额的担保的,视为达标;非进出口货物收发货人或进出口货物收发货人3年无纳税记录,如提供了银行或非银行金融机构10万元担保的,视为达标。

(2)企业财务的资产负债率在安全或者正常范围内;同样以国资委最新颁布的《企业绩效评价标准值》(优秀值、良好值、平均值、较低值、较差值)作为参照;资产负债率≤平均值,为达标;平均值＜资产负债率≤较差值,为部分达标;资产负债率＞较差值,为不达标。在该项指标达标前,进出口货物收发货人如提供了银行或非银行金融机构不低于企业3年内向海关单笔纳税最高额的担保的,视为达标;非进出口货物收发货人或进出口货物收发货人3年无纳税记录,如提供了银行或非银行金融机构10万元担保的,视为达标。

14. 盈利能力

认证标准:企业主营业务利润率在安全或者正常范围内。

认证要求:企业主营业务利润率在安全或者正常范围内,以国资委最新颁布的《企业绩效评价标准值》(优秀值、良好值、平均值、较低值、较差值)作为参照。主营业务利润率≥平均值,为达标;较差值≤主营业务利润率＜平均值,为部分达标;主营业务利润率＜较差值,为不达标;在该项指标达标前,进出口货物收发货人如提供了银行或非银行金融机构不低于企业3年内向海关单笔纳税最高额的担保的,视为达标;非进出口货物收发货人或进出口货物收发货人3年无纳税记录,如提供了银行或非银行金融机构10万元担保的,视为达标。

15. 缴税能力

认证标准:生产型进出口货物收发货人:上月月末固定资产净值不低于其3年内向海关单笔纳税最高额。非生产型进出口货物收发货人:上年度经营性现金净流量不为负。

认证要求:

(1) 生产型进出口货物收发货人要求上月月末(按照申请之日起算)固定资产净值(可从企业财务报表中获取)不低于其3年内向海关单。

企业如提供了银行或非银行金融机构不低于企业3年内向海关单笔纳税最高额的担保的,视为达标;企业3年无纳税记录,如提供了银行或非银行金融机构10万元担保的,视为达标。

(2) 非生产型进出口货物收发货人要求上年度经营性现金净流量(可从上年度审计报告现金流量表中直接获取)不为负。

企业如提供了银行或非银行金融机构不低于企业3年内向海关单笔纳税最高额的担保的,视为达标;企业3年无纳税记录,如提供了银行或非银行金融机构10万元担保的,视为达标。

16. 人员违法

认证标准:企业法定代表人(负责人)、负责关务的高级管理人员、财务负责人连续2年无故意犯罪记录。

认证要求:

(1) 企业法定代表人(负责人)、负责关务的高级管理人员、财务负责人连续2年无故意犯罪记录。

(2) 企业应提供公安机关出具的关于上述人员无犯罪记录证明;非中国籍的,则由该人出具自我申明,并承担法律责任。

17. 企业违法

认证标准:

(1) 连续2年无走私犯罪、走私行为。

(2) 非报关企业:1年内无因违反海关监管规定被处罚金额超过3万元的行为。报关企业:1年内因违反海关监管规定被处罚金额超过1万元的行为。

(3) 非报关企业:1年内违反海关监管规定行为的处罚金额累计5万元以下,且违法次数在5次以下或者虽然超过5次,但违法次数与上年度企业进出口相关单证［报关单及进出境备案清单、运输工具进出境申报信息、舱单及相关电子数据、转关单（载货清单）］总票数比例不超过0.1％。（企业自查发现并主动向海关报明，被海关处以警告以及3万元以下罚款的除外）报关企业：1年内违反海关监管规定行为的次数不超过上年度代理申报报关单及进出境备案清单总票数的1‰，且处罚金额累计3万元以下（企业自查发现并主动向海关报明，被海关处以警告以及1万元以下罚款的除外）。

认证要求：

（1）企业应连续2年无走私犯罪、走私行为。

（2）非报关企业应连续1年内无因违反海关监管规定被处罚金额超过3万元的行为，报关企业应连续1年内因违反海关监管规定被处罚金额超过1万元的行为。

（3）非报关企业应1年内违反海关监管规定行为的处罚金额累计5万元以下，且违法次数在5次以下或者虽然超过5次，但违法次数与上年度企业进出口相关单证［报关单及进出境备案清单、运输工具进出境申报信息、舱单及相关电子数据、转关单（载货清单）］总票数比例不超过1‰。（经海关认定系企业自查发现并主动向海关报明，被海关处以警告以及3万元以下罚款的除外）报关企业应1年内违反海关监管规定行为的次数不超过上年度代理申报报关单及进出境备案清单总票数的1‰，且处罚金额累计3万元以下（经海关认定系企业自查发现并主动向海关报明，被海关处以警告以及1万元以下罚款的除外）。

18. 注册信息

认证标准：报关单位，按规定报送《报关单位注册信息年度报告》，企业及报关人员在海关的注册登记内容与实际相符。其他企业，在海关的注册登记内容与实际相符。

认证要求：

（1）报关单位应按规定报送《报关单位注册信息年度报告》，企业及报关人员在海关的注册登记内容与实际相符。

(2) 其他企业在海关的注册登记内容与实际相符。

19. 进出口记录

认证标准:上年度或者本年度有进出口活动或者为进出口活动提供相关服务。

认证要求:企业应有上年度或者本年度进出口活动或者为进出口活动提供的相关服务。

20. 申报(传输)规范

认证标准:

(1)报关企业:连续4个季度单季报关差错率不超过同期全国平均报关差错率。进出口货物收发货人:连续4个季度单季报关差错率或者所委托报关企业报关差错率不超过同期全国平均报关差错率。物流企业:连续4个季度单季舱单及相关电子数据传输差错率不超过同期全国平均传输差错率,连续4个季度单季运输工具进出境申报信息、转关单(载货清单)等物流信息的申报差错率不超过同期全国平均申报差错率。

(2)连续2个季度单季规范申报率超过90%。

(3)上年度及本年1至上月手(账)册超期未报核情事不超过1次。

认证要求:

(1)报关企业应连续4个季度单季报关差错率不超过同期全国平均报关差错率。进出口货物收发货人应连续4个季度单季报关差错率或者所委托报关企业报关差错率不超过同期全国平均报关差错率。物流企业应连续4个季度单季舱单及相关电子数据传输差错率不超过同期全国平均传输差错率,连续4个季度单季运输工具进出境申报信息、转关单(载货清单)等物流信息的申报差错率不超过同期全国平均申报差错率。

(2)企业应连续2个季度单季规范申报率超过90%。

(3)企业应上年度及本年1至上月手(账)册超期未报核情事不超过1次。

21. 税款缴纳

认证标准：

(1) 上年度以及本年度 1 至上月滞纳税款报关单率不超过 5%。

(2) 截至认证期间,没有超过法定缴款期限尚未缴纳的税款及罚没款项。

认证要求：

(1) 企业应确保上年度以及本年度 1 至上月滞纳税款报关单率不超过 5%。

(2) 截至认证期间,企业应确保没有超过法定缴款期限尚未缴纳的税款及罚没款项。

22. 管理要求

(1) 连续 2 年未发现有向海关提供虚假情况或者隐瞒重要事实、拒绝或者拖延提供账簿单证资料、故意转移、隐匿、篡改、毁弃账簿单证资料等逃避海关稽查、逃避税款征缴的情形,或者无正当理由拒不配合海关执法或者海关管理的情形。

(2) 连续 2 年未发现企业报送信息有隐瞒真实情况、弄虚作假的情形。

(3) 连续 2 年未发现有假借海关或者其他企业名义获取不当利益的情形。

(4) 连续 2 年未发现有向海关人员行贿的行为。

认证要求：

企业应做到在连续 2 年内不发生上述(1)～(4)中所描述的情形或行为。

23. 外部信用

认证标准：企业或者其企业法定代表人(负责人)、负责关务的高级管理人员、财务负责人连续 1 年在工商、商务、税务、银行、外汇、检验检疫、公安、检察院、法院等部门未被列入经营异常名录、失信企业或者人员名单、黑名单企业、人员。

认证要求：企业应按照标准对企业或者其企业法定代表人(负

责人)、负责关务的高级管理人员、财务负责人连续1年内是否被行政部门列入经营异常名录、失信企业或人员名单、黑名单企业、人员的情况进行仔细核查。

24. 场所安全

认证要求:企业有检查、阻止未载明的货物和未经许可的人员进入场所、货物装卸和储存区域的书面制度和程序;进出口货物进出的区域设有隔离设施,以防止未经许可的人员进入。

(1)大门和传达室:车辆、人员进出的大门配备人员驻守。

(2)建筑结构:建筑物的建造方式能够防止非法闯入。定期对建筑物进行检查和修缮,确保其完好无损。

(3)照明:企业生产经营场所配备充足的照明,包括以下区域:出入口,货物装卸和储存区,围墙周边及停车场/停车区域。

(4)报警系统及视频监控摄像机:装配报警系统和视频监控摄像机,监测以下区域:出入口,货物装卸和储存区,围墙周边及停车场/停车区域,防止未经许可进入货物存储以及装卸区。

(5)存储区域:在货物装卸和储存区域,以及用于存放进出口货物的区域,设有隔离设施,以阻止任何未经许可的人员进入。

(6)锁闭装置及钥匙保管:所有内外窗户,大门和围栏都设有足够数量的锁闭装置。管理层或者保安人员要保管所有锁和钥匙。

认证要求:

(1)企业应有规范的检查、阻止未载明的货物和未经许可的人员进入场所、货物装卸和储存区域的书面制度和程序,确保安报工作有效开展。

(2)企业应严格按照标准所规定的内容做好场所安全控制措施,视频监控、安保巡查、设施检查应有记录。

25. 进入安全

认证标准:企业实施门禁管理,有员工和访客进出、保护公司资产的书面制度和程序。

(1)员工:具有员工身份识别系统,对员工进行身份识别和进入控制。对员工、访客的身份标识（如钥匙、钥匙卡等）的发放和回收进行统一管理和登记。

（2）访客：对进入企业的访客要检查带有照片的身份证件并进行登记，访客要佩戴临时身份标识并且有内部人员陪同。

（3）未经许可进入、身份不明的人员：有识别、质询和确认未经许可进入、身份不明的人员的程序；发现可疑人员进入的，企业员工要及时报告。

认证要求：

（1）企业应有规范有效的门禁管理制度或措施，并能严格按管理制度实施。

（2）企业要建立员工身份识别系统，并有识别、质询和确认未经许可进入、身份不明的人员的程序，确保能对员工或其他人员进行身份识别和进入控制。

（3）企业对员工、访客的身份标识（如钥匙、钥匙卡等）的发放和回收应进行统一管理和登记，并形成记录。

（4）企业应对来访人员进行管理控制，进入企业的访客要检查带有照片的身份证件并进行登记，访客要佩戴临时身份标识并且有内部人员陪同。发现可疑人员，企业员工要及时报告。

26. 人员安全

认证标准：企业有审查拟聘员工和定期审查现有员工的书面制度和程序，提供动态的员工清单，包含姓名、出生日期、身份证号码、担任职位。

（1）聘用前审核：聘用员工前，要对其应聘申请信息（如就业经历、推荐信等）进行核实。

（2）背景调查：聘用员工前，要对其进行有无违法犯罪记录等安全背景的检查或者调查。一经录用，要根据员工表现，以及对处于重要敏感工作岗位的员工进行定期审查和重新调查。

（3）员工离职程序：有书面制度和程序，对离职或者停职员工及时收回工作证件、设备，并禁止其进入企业生产经营场所及使用企业信息系统。

（4）安全培训：要对员工进行供应链安全意识的日常性培训，员工要了解企业应对某种状况以及进行报告的程序。

认证要求：

（1）企业应有审查拟聘员工和定期审查现有员工的书面制度和程序。

（2）企业应有对员工开展背景调查以及定期审查和重新审查的相关规定，并有调查记录备查。

（3）企业应有员工离职程序，对离职或者停职员工及时收回工作证件、设备，并禁止其进入企业生产经营场所及使用企业信息系统，并有员工离职记录备查。

（4）企业应对员工进行各类培训，尤其是供应链安全方面的培训，并形成培训记录备查。

27. 商业伙伴安全

认证标准：企业有评估、要求、检查商业伙伴供应链安全的书面制度和程序。

（1）全面评估：在筛选商业伙伴时根据本认证标准对商业伙伴进行全面评估，重点评估守法合规和贸易安全，并有书面制度和程序。

（2）书面文件：在合同、协议或者其他书面资料中要求商业伙伴按照本认证标准优化和完善贸易安全管理。

（3）监控检查：定期监控或者检查商业伙伴遵守贸易安全要求的情况，并有书面制度和程序。

认证要求：

（1）企业应建立评估、要求、检查商业伙伴供应链安全的书面制度和相应程序。

（2）应有对供应链上下游贸易伙伴，如生产商、供应商、物流商等守法合规、符合贸易安全要求进行评估的书面制度和操作程序。

（3）应有书面要求（通过合同、协议或其他有效书面资料）对供应的链上下游贸易伙伴（如生产商、供应商、物流商）提出符合贸易安全的要求。

（4）应有通过书面程序，实地定期监控或检查供应链上下游贸易伙伴（如生产商、供应商、物流商等）的贸易安全措施实施情况。

应该注意的是，商业伙伴系海外认证企业的，应有建立评估、要求、检查商业伙伴供应链安全的书面制度但无需其他评估、检查等相关材料。

28. 货物安全

认证标准：企业有确保供应链中货物在运输、搬运和存放过程中的完整性和安全性的措施和程序。

（1）装运和接收货物：运抵的货物要与货物单证的信息相符，核实货物的重量、标签、件数或者箱数。离岸的货物要与购货订单或者装运订单上的内容进行核实。在货物关键交接环节有签名、盖章等保护制度。

（2）货物差异：在出现货物溢、短装或者其他异常现象时要及时报告或者采取其他应对措施，并有书面制度和程序。

认证要求：

（1）企业应建立能保障供应链中货物在运输、搬运和存放过程中完整安全的措施和程序，并形成书面文件。

（2）货物接收、发运时由专人清点登记核对，在货物关键交接环节有签名、盖章等保护制度。

（3）建有应对差错及异常的检查程序，明确发生货物短缺、超额或者其他异常现象的处置和解决方法。

29. 集装箱安全

认证标准：企业有确保集装箱的完整性，以防止未经许可的货物或者人员混入的措施和程序。

（1）集装箱检查：在装货前检查集装箱结构的物理完整性和可靠性，包括门的锁闭系统的可靠性，并做好相关登记。检查建议采取"七点检查法"（即对集装箱按照以下顺序检查：前壁、左侧、右侧、地板、顶部、内/外门、外部/起落架）。

（2）集装箱封条：已装货集装箱要施加高安全度的封条，所有封条都要符合或者超出现行 PAS ISO 17712 对高度安全封条的标准，封条有专人管理、登记。要建立施加和检验封条的书面制度和程序，以及封条异常的报告机制。

（3）集装箱存储：集装箱要保存在安全的区域，以防止未经许可的进入或者改装，有报告和解决未经许可擅自进入集装箱或者集装箱存储区域的程序。

认证要求：

（1）企业应在装货前按照"七点检查法"检查集装箱结构包括门的锁闭系统在内的物理完整性和可靠性，并有检查记录备查。

（2）企业要建立施加和检验封条的书面制度和程序，以及封条异常的报告机制。封条符合或者超出现行 PAS ISO 17712 对高度安全封条的标准，并有专人管理、登记，相关书面记录备查。

（3）企业应设有报告和解决异常进入（集装箱或者集装箱存储区域）的程序，确保集装箱区域的安全。例如，可以设专门的受控区域，并通过设置栏杆、标志、人员铭牌等区分方法对受控区人员进出进行控制。

应该注意的是，只做单纯的报关代理业务的报关公司和只做单纯的国际贸易业务的贸易公司（货运代理类企业，自行从事货物、集装箱、拖车运输的，应适用，且需增加物流运输企业的要求）和只做单纯的国际贸易业务的贸易公司（自行从事货物仓储、集装箱、拖车运输的，应适用，且需增加物流运输企业的要求）不直接适用，但企业有义务提醒其客户建立本条所列保持集装箱完整性所需的程序。

30. 运输工具安全

认证标准：企业有确保运输工具（拖车和挂车）的完整性，防止未经许可的人员或者物品混入的书面制度和程序。

（1）运输工具检查程序：有专门程序或者制度检查出入运输工具，防止藏匿可疑物品。

（2）运输工具存储：运输工具要停放在安全的区域，以防止未经许可的进入或者其他损害,有报告和解决。

(3) 司机身份核实:在货物被接收或者发放前,应对装运或者接收货物的驾驶员进行身份认定。

认证要求:

(1) 应有完整的运输工具检查的方法、步骤、具体要求以及相关责任人,并有检查记录备查。

(2) 应有安全的区域供运输工具停放,并建立异常进入或者损害的应对处置办法。

(3) 应有对卡车司机进行身份核实的程序,并做好书面记录备查。

应该注意的是,只做单纯的报关代理业务的报关公司和只做单纯的国际贸易业务的贸易公司(货运代理类企业,自行从事货物、集装箱、拖车运输的,应适用,且需增加物流运输企业的要求)和只做单纯的国际贸易业务的贸易公司(自行从事货物仓储、集装箱、拖车运输的,应适用,且需增加物流运输企业的要求)不直接适用,但企业有义务提醒其客户建立本条所列保持运输工具(拖车和挂车)完整性所需的程序。

企业应准备公司运输工具安全程序文件。

31. 危机管理

认证标准:企业有应对灾害或者紧急安全事故等异常情况的书面制度和程序。

(1) 应急机制:具备对灾害或者紧急安全事故等异常情况的报告、处置等应急程序或者机制。

(2) 应急培训:要对员工进行应急培训。

(3) 异常报告:发现有灾害或者紧急安全事故等异常情况、非法或者可疑活动,要报告海关或者其他有关执法机关。

认证要求:

(1) 企业应建有应对灾害或者紧急安全事故等异常情况的书面制度和程序。

(2) 应有包含报告、处置等程序在内的灾害或者紧急安全事故等异常情况应急程序或者机制。

(3) 应定期或不定期对员工开展应急预案培训,并有记录备查。

(4) 员工应了解如何处置灾害或者紧急安全事故等异常情况,了解如何识别非法或者可疑活动等异常情况,企业要及时将情况向海关或者其他有关执法机关报告。

32. 加分项目——附加标准

认证标准:有下列情形之一的,经海关确认后可以加分:

(1) 属于海关特殊监管区域内企业。

(2) 属于国家鼓励和扶持的信息技术、节能环保、新能源、高端装备制造、新材料等产业之一的企业。

(3) 被中国报关协会等全国性行业组织评为优秀报关企业等荣誉称号的。

(4) 属于中国外贸出口先导指数样本企业,且1年内填报问卷及时率在90%以上、问卷答案与出口增速的吻合度在0.3以上的;或者属于进口货物使用去向调查样本企业、其他统计专项调查样本企业,且1年内填报问卷及时率和复核准确率在90%以上的。

(5) 属于积极配合海关开展报关单证企业存单,且连续4个季度单季存单及时率、准确率高于全国平均水平的企业。

认证要求:

(1) 属于海关特殊监管区域内企业,企业应准备注册登记证书。

(2) 属于国家鼓励和扶持的信息技术、节能环保、新能源、高端装备制造、新材料等产业之一的企业,企业应准备相关资质证书。

(3) 被中国报关协会等全国性行业组织评为优秀报关企业等荣誉称号的,企业应准备相关证明材料。

二、高级认证企业标准与一般认证企业标准

高级认证企业标准与一般认证企业标准的差异主要体现在以

下几个方面：

（1）相对于高级认证企业标准，一般认证企业标准减少了内部控制、贸易安全等方面的要求。

（2）高级认证企业标准对进出口活动流程设置的合理性、全面性要求更高。

（3）高级认证企业标准对信息化系统提出了要求。特别要求财务控制、关务、物流控制等功能模块能有效运行。

（4）高级认证企业标准对货物装卸区、存储区及停车区域提出了更高的安全标准。

（5）高级认证企业标准对商业伙伴安全的要求更高更细致，将贸易安全管理要求纳入到商业伙伴准入、合同签约以及定期评估监控中。

表4-4将两者之间的差异用对比的形式具体展现出来，具体如下。

表4-4

高级认证企业标准与一般认证企业标准差异对比

标准类别	高级认证企业标准			一般认证企业标准		认证标准差异对比
	标准条目	标准项目	认证标准	标准条目	标准项目	
内部控制标准	（一）组织机构控制	1. 内部组织架构	进出口业务、财务、内部监督等部门职责分工明确	（一）组织机构控制	1. 内部组织架构	不含此标准
	（二）进出口业务控制	5. 进出口活动	进出口业务管理流程设置合理、完备，涉及的货物流、单证流、信息流能够得到有效控制，经抽查未发现有不符合海关监管规定的情形	（二）进出口业务控制	无此项目	不含此标准
	（四）信息系统控制	9. 信息系统	具备真实、准确、完整、有效记录企业生产经营、进出口或者代理报关活动的信息系统，特别是财务控制、关务、物流控制等功能模块有效运行	（四）信息系统控制	无此项目	不含此标准

(续表)

标准类别	高级认证企业标准			一般认证企业标准		
	标准条目	标准项目	认证标准	标准条目	标准项目	认证标准差异对比
内部控制标准	（四）信息系统控制	10. 数据管理	生产经营数据和与进出口活动有关的数据及时、准确、完整录入系统。系统数据自进出口货物办结海关手续之日起保存3年以上	（四）信息系统控制	无此项目	不含此标准
			进出口或者代理报关活动等主要环节在系统中能够实现流程检索、跟踪			不含此标准
财务状况标准	（五）财务状况	12. 会计信息	企业申请认证的，提交当年度会计师事务所审计报告，审计报告所反映的企业财务状况真实、完整、规范、合法；重新认证的，企业自成为高级认证企业起每年接受会计师事务所审计，审计报告所反映的企业财务状况真实、完整、规范、合法	（五）财务状况	9. 会计信息	不含此标准
守法守规标准	（六）遵守法律、法规	17. 企业违法	非报关企业：1年内无因违反海关监管规定被处罚金额超过3万元的行为 报关企业：1年内因违反海关监管规定被处罚金额超过1万元的行为	（六）遵守法律法规	14. 违法记录	非报关企业：1年内因违反海关监管规定被处罚金额超过3万元且10万元以下的行为不超过1次 报关企业：1年内因违反海关监管规定被处罚金额超过1万元且3万元以下的行为不超过1次

(续表)

标准类别	高级认证企业标准			一般认证企业标准		
	标准条目	标准项目	认证标准	标准条目	标准项目	认证标准差异对比
守法守规标准	(六)遵守法律、法规	17.企业违法	非报关企业:1年内违反海关监管规定行为的处罚金额累计5万元以下,且违法次数在5次以下或者虽然超过5次,但违法次数与上年度企业进出口相关单证[报关单及进出境备案清单、运输工具进出境申报信息、舱单及相关电子数据、转关单(载货清单)]总票数比例不超过0.1‰(企业自查发现并主动向海关报明,被海关处以警告以及3万元以下罚款的除外) 报关企业:1年内违反海关监管规定行为的次数不超过上年度代理申报关单及进出境备案清单总票数的1‰,且处罚金额累计3万元以下(企业自查发现并主动向海关报明,被海关处以警告以及1万元以下罚款的除外)	(六)遵守法律法规	14.违法记录	非报关企业:1年内违反海关监管规定行为的处罚金额累计10万元以下,且违法次数在5次以下或者虽然超过5次,但违法次数与上年度企业进出口相关单证[报关单及进出境备案清单、运输工具进出境申报信息、舱单及相关电子数据、转关单(载货清单)]总票数比例不超过0.1‰(企业自查发现并主动向海关报明,被海关处以警告以及3万元以下罚款的除外) 报关企业:1年内违反海关监管规定行为的次数不超过上年度代理申报关单及进出境备案清单总票数的3‰,且处罚金额累计5万元以下(企业自查发现并主动向海关报明,被海关处以警告以及1万元以下罚款的除外)
	(七)进出口业务规范	20.申报(传输)规范	连续2个季度单季申报规范率超过90%	(七)进出口业务规范	17.申报(传输)规范	连续2个季度单季申报规范率超过85%
贸易安全标准	(十)场所安全控制措施	24.场所安全	照明:企业生产经营场所配备充足的照明,包括出入口、货物装卸和储存区、围墙周边及停车场/停车区域	(十)场所安全控制措施	21.场所安全	不含此标准
			报警系统及视频监控摄像机:装配报警系统和视频监控摄像机,监测出入口、货物装卸和储存区、围墙周边及停车场/停车区域,防止未经许可进入货物存储以及装卸区			不含此标准

(续表)

标准类别	高级认证企业标准			一般认证企业标准		
	标准条目	标准项目	认证标准	标准条目	标准项目	认证标准差异对比
贸易安全标准	（十）场所安全控制措施	24. 场所安全	存储区域：在货物装卸和储存区域，以及用于存放进出口货物的区域，设有隔离设施，以阻止任何未经许可的人员进入	（十）场所安全控制措施	21. 场所安全	不含此标准
	（十一）进入安全控制措施	25. 进入安全	未经许可进入、身份不明的人员：有识别、质询和确认未经许可进入、身份不明的人员的程序；发现可疑人员进入的，企业员工要及时报告	（十一）进入安全控制措施	22. 进入安全	不含此标准
	（十二）人员控制安全	26. 人员安全	安全培训：要对员工进行供应链安全意识的日常性培训，员工了解企业应对某种状况以及进行报告的程序	（十二）人员控制安全	23. 人员安全	不含此标准
	（十三）商业伙伴安全控制措施	27. 商业伙伴安全	全面评估：在筛选商业伙伴时根据本认证标准对商业伙伴进行全面评估，重点评估守法合规和贸易安全，并有书面制度和程序	（十三）商业伙伴安全控制措施	24. 商业伙伴安全	不含此标准
			监控检查：定期监控或者检查商业伙伴遵守贸易安全要求的情况，并有书面制度和程序			不含此标准
	（十五）集装箱安全控制措施	29. 集装箱安全	集装箱封条：已装货集装箱要施加高安全度的封条，所有封条都要符合或者超出现行PAS ISO 17712对高度安全封条的标准，封条有专人管理、登记。要建立施加和检验封条的书面制度和程序，以及封条异常的报告机制	（十五）集装箱安全控制措施	26. 集装箱安全	不含此标准
			集装箱存储：集装箱要保存在安全的区域，以防止未经许可的进入或者改装，有报告和解决未经许可擅自进入集装箱或者集装箱存储区域的程序			不含此标准

(续表)

标准类别	高级认证企业标准			一般认证企业标准			认证标准差异对比
	标准条目	标准项目	认证标准	标准条目	标准项目		
贸易安全标准	(十六)运输工具安全控制措施	30. 运输工具安全	运输工具检查程序:有专门程序或者制度检查出入运输工具,防止藏匿可疑物品	(十六)运输工具安全控制措施	27. 运输工具安全		不含此标准
	(十七)危机管理控制措施	31. 危机管理	应急培训:要对员工进行应急培训	(十七)危机管理控制措施	28. 危机管理		不含此标准
			异常报告:发现有灾害或者紧急安全事故等异常情况、非法或者可疑活动,要报告海关或者其他有关执法机关				不含此标准

章节练习题

一、填空题

1. 《信用管理暂行办法》由总则、_____、企业信用状况的认定标准和程序,_____以及附则五个部分构成。

2. 认证企业不再符合《海关认证企业标准》规定条件,且未发生失信情况的,海关认定为_____企业。

3. 根据企业信用状况不同,海关将企业分为认证企业、_____企业和_____企业。海关认证企业根据不同的认证标准又分为_____企业和_____企业。

4. 海关总署以公告2014年第82号形式发布的《海关企业认证标准》对高级认证企业标准设置了_____条_____项具体指标。

5. 根据企业认证标准赋分规则,企业所有项目均没有不达标的且认证标准总分在_____分及以上的,可以通过海关认证。

二、选择题(1、2、3题为单项选择题;4、5题为多项选择题)

1. 首次注册登记的企业,海关认定为( )企业。

A. 高级认证 B. 一般认证
C. 守信 D. 一般信用

2. 我国海关对企业行政处罚的信息的公示时间为（　　）年。
A. 6 B. 5 C. 4 D. 3

3. 我国海关规定自收到企业书面认证申请之日起一般（　　）日内应当做出认证结论。
A. 90 B. 60 C. 30 D. 6个月

4. 一般认证企业适用的管理原则和措施有（　　）。
A. 较低进出口货物查验率
B. 简化进出口货物单证审核
C. 优化办理进出口货物通关手续
D. 海关为企业设立协调员

5. 海关对企业开展实地认证时采取的主要办法有（　　）。
A. 查阅企业各项规章制度根据认证标准规定
B. 验证企业制度落实情况
C. 现场抽查企业近年来的进出口报关单证
D. 现场实地了解企业情况

三、是非题

1. 海关对企业信用状况的认定结果实施动态调整，高级认证企业每3年重新认证一次，一般认证企业每年重新认证。（　　）

2. 高级认证企业和一般认证企业都可以享受AEO国际互认带来的通关便利措施。（　　）

3. AEO企业有应对灾害或者紧急安全事故等异常情况的书面制度和程序。（　　）

4. AEO企业应当建立海关法律法规等相关管理规定的内部培训制度，法定代表人或其授权人员、负责关务的高级管理人员应当每年至少参加2次海关法律、法规等相关管理规定的内部培训。
（　　）

5. 报关企业 1 年内违法海关监管规定行为次数超过上年度报关单、进出境备案清单等相关单证总票数 5‰或者被海关行政处罚金额累计超过 10 万元的,将被海关认定为一般信用企业。（　　）

四、论述题

1. 请简述我国实施 AEO 制度的紧迫性和必要性。
2. 请简述我国海关对 AEO 企业认证的具体操作流程。
3. 高级认证企业与一般认证企业相比具有哪些优势？

第五章

AEO认证中常用工具和资料

• 本章提示 •

　　海关AEO认证事务覆盖面广，涉及一系列的标准和管理优化，企业在AEO认证体系建设过程中将需要运用到一些常用的工具，如行业分类标准、表格和证明材料等。这些工具也是AEO相关从业人员在工作实践中会用到的。本章节专门汇编了AEO认证过程中需要运用的行业基本分类与代码、绩效标准，以及一些常用的证明材料，供大家学习参考。

第一节　社会信用代码编码规则

2015年9月,国家标准委批准发布了强制性国家标准GB 32100—2015《法人和其他组织统一社会信用代码编码规则》。该标准于2015年10月1日起正式实施。

《法人和其他组织统一社会信用代码编码规则》规定统一社会信用代码用18位阿拉伯数字或大写英文字母表示,由登记管理部门代码、机构类别代码、登记管理机关行政区划码、主体标识码(组织机构代码)和校验码五个部分组成,并对涉及的组织机构、法人、其他组织、组织机构代码、统一社会信用代码等相关概念做出了规定。法人和其他组织统一社会信用代码编码规则如下。

一、统一代码的构成

统一代码由18位的阿拉伯数字或大写英文字母(不使用I、O、Z、S、V五个字母)组成,分为五个部分,包括:第1位登记管理部门代码;第2位机构类别代码;第3~第8位登记管理机关行政区划码;第9~第17位主体标识码(组织机构代码);第18位校验码。统一代码构成如表5-1所示。

表5-1

统一代码构成

代码序号	1	2	3	4	5	6	7	8	9	10	11	12	13	14	15	16	17	18
代码	×	×	×	×	×	×	×	×	×	×	×	×	×	×	×	×	×	×
说明	登记管理部门代码1位	机构类别代码1位	登记管理机关行政区划码6位						主体标识码(组织机构代码)9位									校验码1位

二、代码及说明

第一位:登记管理部门代码,使用阿拉伯数字或大写英文字母表示。

第二位:结构类别代码,具体如表 5-2 所示。

表 5-2

机构类别代码标识

登记管理部门	机构类别	代码标识
机构编制	机关	1
	事业单位	2
	中央编办直接团体管理机构的群众团体	3
	其他	9
民政	社会团体	1
	民办非企业单位	2
	基金会	3
	其他	9
工商	企业	1
	个体工商户	2
	农民专业合作社	3
其他		1

第 3～第 8 位,登记管理机关行政区划码,使用阿拉伯数字标识,按照 GB/T 2260 编码。

第 9～第 17 位,主体标识码(组织架构代码),使用阿拉伯数字或大写英文字母标识,按照 GB 11714 编码。

第 18 位,校验码,使用阿拉伯数字或大写英文字母标识,按照 GB/T 17710 编码。

第二节 行业基本分类和代码

行业基本分类及时有规则地按照一定的科学依据，对从事国民经济生产和经营的单位或者个体的组织机构体系的详细划分，如林业、汽车业、银行业等。其主要作用是为了统一规范各类统计活动的行业划分标准，在划分行业分类时有所依据。

表 5-3

农、林、牧、渔业

门类	代码 大类	中类	小类	类别名称	说明
A				农、林、牧、渔业	
	01			农业	指对各种农作物的种植活动
		011		谷物及其他作物的种植	
		012		蔬菜、园艺作物的种植	
		013		水果、坚果、饮料和香料作物的种植	
		014	0140	中药材的种植	指主要用于中药配制以及中成药加工的药材作物的种植
	02			林业	
		021		林木的培育和种植	
		022		木材和竹材的采运	指对林木和竹木的采伐，并将其运出山场至贮木场的生产活动
		023	0230	林产品的采集	指在天然森林和人工林地进行的各种林木产品和其他野生植物的采集等活动
	03			畜牧业	指为了获得各种畜禽产品而从事的动物饲养活动
		031	0310	牲畜的饲养	指对牛、羊、马、驴、骡、骆驼等主要牲畜的饲养
		032	0320	猪的饲养	

(续表)

代码				类别名称	说明
门类	大类	中类	小类		
		033	0330	家禽的饲养	
		034	0340	狩猎和捕捉动物	指对各种野生动物的捕捉和与此相关的活动
		039	0390	其他畜牧业	
	04			渔业	
		041		海洋渔业	
		042		内陆渔业	
	05			农、林、牧、渔服务业	指对农、林、牧、渔业生产活动进行的各种支持性服务活动。但不包括各种科学技术和专业技术服务活动
		051		农业服务业	
		052	0520	林业服务业	指为林业生产服务的病虫害的防治、森林防火等各种支持性活动
		053		畜牧服务业	
		054	0540	渔业服务业	指对渔业生产活动进行的各种支持性服务活动,包括鱼苗及鱼种场、水产良种场和水产增殖场等进行的活动

表 5-4

采矿业

B				采矿业	
	06			煤炭开采和洗选业	指对各种煤炭的开采、洗选、分级等生产活动。不包括煤制品的生产和煤炭勘探活动
		061	0610	烟煤和无烟煤的开采洗选	指对地下或露天烟煤、无烟煤的开采,以及对采出的烟煤、无烟煤及其他硬煤进行洗选、分级等提高质量的活动
		062	0620	褐煤的开采洗选	指对褐煤—煤化程度较低的一种燃料的地下或露天开采,以及对采出的褐煤进行洗选、分级等提高质量的活动

(续表)

B				采矿业	
		069	0690	其他煤炭采选	指对生长在古生代地层中的含碳量低、灰分高的煤炭资源(如石煤、泥炭)的开采
	07			石油和天然气开采业	
		071	0710	天然原油和天然气开采	指在陆地或海洋,对天然原油、液态或气态天然气的开采,对煤矿瓦斯气(煤层气)的开采,为运输目的所进行的天然气液化和从天然气田气体中生产液化烃的活动。还包括对含沥青的页岩或油母页岩矿的开采,以及对焦油沙矿进行的同类作业
		079	0790	与石油和天然气开采有关的服务活动	指为石油和天然气开采提供的服务活动
	08			黑色金属矿采选业	
		081	0810	铁矿采选	指对铁矿石的采矿、选矿活动
		089	0890	其他黑色金属矿采选	指对锰矿、铬矿等钢铁工业黑色金属辅助原料矿的采矿、选矿活动
	09			有色金属矿采选业	指对常用有色金属矿、贵金属矿,以及稀有稀土金属矿的开采、选矿活动
		091		常用有色金属矿采选	指对铜、铅锌、镍钴、锡、锑、铝、镁、汞、镉、铋等常用有色金属矿的采选活动
		092		贵金属矿采选	指对在地壳中含量极少的金、银和铂族元素(铂、铱、锇、钌、钯、铑)矿的采选活动
		093		稀有稀土金属矿采选	指对在自然界中含量较小,分布稀散或难以从原料中提取,以及研究和使用较晚的金属矿开采、精选活动
	10			非金属矿采选业	
		101		土砂石开采	
		102	1020	化学矿采选	指对化学矿和肥料矿物的开采

(续表)

B			采矿业	
	103	1030	采盐	指通过以海水（含沿海浅层地下卤水）为原料晒制，或以钻井汲取地下卤水，或注水溶解地下岩盐为原料，经真空蒸发干燥，以及从盐湖中采掘制成的以氯化钠为主要成分的盐产品的开采、粉碎和筛选活动
	109		石棉及其他非金属矿采选	指对石棉、石墨、贵重宝石、金刚石、天然磨料，以及其他矿石的开采
11			其他采矿业	
	110	1100	其他采矿业	指对地热资源、矿泉水资源以及其他未列明的自然资源的开采活动。但不包括利用这些资源建立的热电厂和矿泉水厂

表 5-5

制造业

C			制造业	
13			农副食品加工业	指直接以农、林、牧、渔业产品为原料进行的谷物磨制、饲料加工、植物油和制糖加工、屠宰及肉类加工、水产品加工，以及蔬菜、水果和坚果等食品的加工活动
	131	1310	谷物磨制	也称粮食加工，指将稻子、谷子、小麦、高粱等谷物去壳、碾磨及精加工的生产活动
	132	1320	饲料加工	指适用于农场、农户饲养牲畜、家禽的饲料生产加工活动，包括宠物食品的生产
	133		植物油加工	
	134	1340	制糖	指以甘蔗、甜菜为原料制作成品糖，以及以原糖或砂糖为原料精炼加工各种精制糖的生产活动
	135		屠宰及肉类加工	
	136		水产品加工	

(续表)

C				制造业	
		137	1370	蔬菜、水果和坚果加工	指用脱水、干制、冷藏、冷冻、腌制等方法,对蔬菜、水果、坚果的加工活动
		139		其他农副食品加工	
	14			食品制造业	
		141		焙烤食品制造	
		142		糖果、巧克力及蜜饯制造	
		143		方便食品制造	指以米、面、杂粮等为主要原料加工制成,只需简单烹制即可作为主食的具有食用简便、携带方便,易于储藏等特点的食品制造
			1431	米、面制品制造	指以大米、面粉为原料,经粗加工制成,未经烹制的各类米面制品的生产
			1432	速冻食品制造	指以米、面、杂粮等为主要原料,以肉类、蔬菜等为辅料,经加工制成各类烹制或未烹制的主食品后,立即采用速冻工艺制成的,并可以在冻结条件下运输储存及销售的各类主食品的生产
			1439	方便面及其他方便食品制造	指用米、面、杂粮等为主要原料加工制成的,可以直接食用或只需简单蒸煮即可作为主食的各种方便主食品的生产,以及其他未列明的方便食品制造
		144	1440	液体乳及乳制品制造	指以牛、羊乳为主要原料,经分级、净乳、杀菌、浓缩、干燥、发酵等加工制成的液体乳及乳制品的生产
		145		罐头制造	指将符合要求的原料经处理、分选、修整、烹调(或不经烹调)、装罐、密封、杀菌、冷却(或无菌包装)等罐头生产工艺制成的,达到商业无菌要求,并可以在常温下储存的罐头食品的制造
		146		调味品、发酵制品制造	
		149		其他食品制造	
	15			饮料制造业	

(续表)

C			制造业	
	151	1510	酒精制造	指用玉米、小麦、薯类等淀粉质原料或用糖蜜等含糖质原料,经蒸煮、糖化、发酵及蒸馏等工艺制成的酒精产品的生产
	152		酒的制造	
	153		软饮料制造	
	154	1540	精制茶加工	指对毛茶或半成品原料茶进行筛分、轧切、风选、干燥、匀堆、拼配等精制加工茶叶的生产
16			烟草制品业	
	161	1610	烟叶复烤	指在原烟(初烤)基础上进行第二次烟叶水分调整的活动
	162	1620	卷烟制造	指各种卷烟生产,但不包括生产烟用滤嘴棒的纤维丝束原料的制造
	169	1690	其他烟草制品加工	
17			纺织业	
	171		棉、化纤纺织及印染精加工	
	172		毛纺织和染整精加工	
	173	1730	麻纺织	指以苎麻、亚麻、大麻等为主要原料进行的纺、织生产活动
	174		丝绢纺织及精加工	
	175		纺织制成品制造	指以棉、化纤、毛以及各种麻和丝纺织制成品的生产活动
	176		针织品、编织品及其制品制造	指纯粹由手工织成或钩成,或由机器针织、钩针编织成形的制品制造
18			纺织服装、鞋、帽制造业	
19			皮革、毛皮、羽毛(绒)及其制品业	
	191	1910	皮革鞣制加工	指动物生皮经脱毛、鞣制等物理和化学方法加工,再经涂饰和整理,制成具有不易腐烂、柔韧、透气等性能的皮革生产活动
	192		皮革制品制造	

(续表)

C			制造业	
	193		毛皮鞣制及制品加工	
	194		羽毛(绒)加工及制品制造	
20			木材加工及木、竹、藤、棕、草制品业	
	201		锯材、木片加工	
	202		人造板制造	指用木材及其剩余物、棉秆、甘蔗渣和芦苇等植物纤维为原料,加工成符合国家标准的胶合板、纤维板、刨花板、细木工板和木丝板等产品的生产,以及人造板二次加工装饰板的制造
	203		木制品制造	指以木材为原料加工成建筑用木料和木材组件、木容器、软木制品及其他木制品的生产活动。但不包括木质家具的制造
	204	2040	竹、藤、棕、草制品制造	指除木材以外,以竹、藤、棕、草等天然植物为原料生产制品的活动。但不包括家具的制造
21			家具制造业	指用木材、金属、塑料、竹、藤等材料制作的,具有坐卧、凭倚、储藏、间隔等功能,可用于住宅、旅馆、办公室、学校、餐馆、医院、剧场、公园、船舰、飞机、机动车等任何场所的各种家具的制造
22			造纸及纸制品业	
	221	2210	纸浆制造	指经机械或化学方法加工纸浆的生产活动
	222		造纸	指用纸浆或其他原料(如矿渣棉、云母、石棉等)悬浮在流体中的纤维,经过造纸机或其他设备成型,或手工操作而成的纸及纸板的制造活动
	223		纸制品制造	指用纸及纸板为原料,进一步加工制成纸制品的生产活动
23			印刷业和记录媒介的复制	
	231		印刷	
	232	2320	装订及其他印刷服务活动	指专门企业从事的装订、压印媒介制造等与印刷有关的服务活动

(续表)

C				制造业	
		233	2330	记录媒介的复制	指将母带、母盘上的信息进行批量翻录的生产活动
	24			文教体育用品制造业	
		242		体育用品制造	
		243		乐器制造	指中国民族乐器、西洋乐器等各种乐器及乐器零部件和配套产品的制造,但不包括玩具乐器的制造
		244	2440	玩具制造	指以儿童为主要使用者,具备娱乐性、教育性和安全性三个基本特征的娱乐器具的制造
		245		游艺器材及娱乐用品制造	
	25			石油加工、炼焦及核燃料加工业	
		251		精炼石油产品的制造	
		252	2520	炼焦	指主要从硬煤和褐煤中生产焦炭、干馏炭及煤焦油或沥青等副产品的炼焦炉的操作活动
		253	2530	核燃料加工	指从沥青铀矿或其他含铀矿石中提取铀、浓缩铀的生产,对铀金属的冶炼、加工的生产,以及其他放射性元素、同位素标记、核反应堆燃料元件的制造。还包括核废物处置活动
	26			化学原料及化学制品制造业	
		261		基础化学原料制造	
		262		肥料制造	指化学肥料、有机肥料及微生物肥料的制造
		263		农药制造	指用于防治农业、林业作物的病、虫、草、鼠和其他有害生物,调节植物生长的各种化学农药、微生物农药、生物化学农药,以及仓储、农林产品的防蚀、河流堤坝、铁路、机场、建筑物及其他场所用药的原药和制剂的生产
		264		涂料、油墨、颜料及类似产品制造	

(续表)

C				制造业	
		265		合成材料制造	
		266		专用化学产品制造	
		267		日用化学产品制造	
			2679	其他日用化学产品制造	
	27			医药制造业	
		271	2710	化学药品原药制造	指供进一步加工药品制剂所需的原药生产
		272	2720	化学药品制剂制造	指直接用于人体疾病防治、诊断的化学药品制剂的制造
		273	2730	中药饮片加工	指对采集的天然或人工种植、养殖的动物和植物及中草药进行加工、处理的活动
		274	2740	中成药制造	指直接用于人体疾病防治的传统药的加工生产
		275	2750	兽用药品制造	指用于动物疾病防治医药的制造
		276	2760	生物、生化制品的制造	指利用生物技术生产生物化学药品、基因工程药物的生产活动
		277	2770	卫生材料及医药用品制造	指卫生材料、外科敷料、药用包装材料以及其他内、外科用医药制品的制造
	28			化学纤维制造业	
		281		纤维素纤维原料及纤维制造	
		282		合成纤维制造	指以石油、天然气、煤等为主要原料,用有机合成的方法制成单体,聚合后经纺丝加工生产纤维的活动
	29			橡胶制品业	指以天然及合成橡胶为原料生产各种橡胶制品的活动,还包括利用废橡胶再生产的橡胶制品
		291		轮胎制造	
		292	2920	橡胶板、管、带的制造	指用未硫化的、硫化的或硬质橡胶生产橡胶板状、片状、管状、带状、棒状和异型橡胶制品的活动,以及以橡胶为主要成分,用橡胶灌注、涂层、覆盖或层叠的纺织物、纱绳、钢丝(钢缆)等制作的传动带或输送带的生产活动

(续表)

C			制造业	
	293	2930	橡胶零件制造	指各种用途的橡胶异形制品、橡胶零配件制品的生产
	294	2940	再生橡胶制造	指用废橡胶生产再生橡胶的活动
	295	2950	日用及医用橡胶制品制造	
	296	2960	橡胶靴鞋制造	指以橡胶作为鞋底、鞋帮的橡胶鞋及其橡胶鞋部件的生产活动
	299	2990	其他橡胶制品制造	
30			塑料制品业	指以合成树脂(高分子化合物)为主要原料,经采用挤塑、注塑、吹塑、压延、层压等工艺加工成型的各种制品的生产,以及利用回收的废旧塑料加工再生产塑料制品的活动
	301	3010	塑料薄膜制造	指用于农业覆盖,工业、商业及日用包装薄膜的制造
	302	3020	塑料板、管、型材的制造	指各种塑料板、管及管件、棒材、薄片等的生产,以及以聚氯乙烯为主要原料,经连续挤出成型的塑料异型材的生产
	303	3030	塑料丝、绳及编织品的制造	
	304	3040	泡沫塑料制造	指以合成树脂为主要原料,经发泡成型工艺加工制成内部具有微孔的塑料制品的生产
	305	3050	塑料人造革、合成革制造	指外观和手感似皮革,其透气、透湿性虽然略逊色于天然革,但它具有优异的物理、机械性能,如强度和耐磨性等,并可代替天然革使用的塑料人造革的生产,以及模拟天然人造革的组成和结构,正反面都与皮革十分相似,比普通人造革更近似天然革,并可代用天然革的塑料合成革的生产
	306	3060	塑料包装箱及容器制造	指用吹塑或注塑工艺等制成的,可盛装各种物品或液体物质,以便于储存、运输等用途的塑料包装箱及塑料容器制品的生产

（续表）

C			制造业	
		307	3070	塑料零件制造	
		308		日用塑料制造	
		309	3090	其他塑料制品制造	
	31			非金属矿物制品业	
		311		水泥、石灰和石膏的制造	
		312		水泥及石膏制品制造	
		313		砖瓦、石材及其他建筑材料制造	指粘土、陶瓷砖瓦的生产，建筑用石的加工，以及用废料或废渣生产的建筑材料和其他建筑材料的制造
		314		玻璃及玻璃制品制造	指任何形态的玻璃和玻璃制品、玻璃纤维及其制品的生产，以及利用废玻璃、废玻璃纤维再生产玻璃制品的活动
		315		陶瓷制品制造	
		316		耐火材料制品制造	
		319		石墨及其他非金属矿物制品制造	
	32			黑色金属冶炼及压延加工业	
		321	3210	炼铁	指用高炉法、直接还原法、熔融还原法等，将铁从矿石等含铁化合物中还原出来的生产过程
		322	3220	炼钢	指利用不同来源的氧（如空气、氧气）来氧化炉料（主要是生铁）所含杂质的金属提纯过程，称为炼钢活动
		323	3230	钢压延加工	指通过热轧、冷加工、锻压和挤压等塑性加工使连铸坯、钢锭产生塑性变形，制成具有一定形状尺寸的钢材产品的生产活动
		324	3240	铁合金冶炼	指铁与其他一种或一种以上的金属或非金属元素组成的合金生产活动
	33			有色金属冶炼及压延加工业	
		331		常用有色金属冶炼	指通过熔炼、精炼、电解或其他方法从有色金属矿、废杂金属料等有色金属原料中提炼常用有色金属的生产活动

(续表)

C				制造业	
		332		贵金属冶炼	指对金、银及铂族金属的提炼活动
			3329	其他贵金属冶炼	
		333		稀有稀土金属冶炼	指钨钼、稀有轻金属、稀有高熔点金属、稀散金属、稀土金属及其他稀有稀土金属冶炼。但不包括钍和铀等放射性金属的冶炼加工
		334	3340	有色金属合金制造	指以有色金属为基体，加入一种或几种其他元素所构成的合金生产活动
		335		有色金属压延加工	
	34			金属制品业	
		341		结构性金属制品制造	
		342		金属工具制造	
		343		集装箱及金属包装容器制造	
		344	3440	金属丝绳及其制品的制造	
		345		建筑、安全用金属制品制造	
		346	3460	金属表面处理及热处理加工	指对外来的金属物件表面进行的电镀、镀层、抛光、喷涂、着色等专业性作业加工活动
		347		搪瓷制品制造	指在金属坯体表面涂搪瓷釉制成的，具有金属机械强度和瓷釉物化特征，及可装饰性的制品制造。但不包括搪瓷建筑材料的制造
		348		不锈钢及类似日用金属制品制造	指以不锈钢、铝等金属为主要原材料，加工制作各种日常生活用金属制品的生产活动
		349		其他金属制品制造	
	35			通用设备制造业	
		351		锅炉及原动机制造	
		352		金属加工机械制造	
		353	3530	起重运输设备制造	指在工厂、仓库、码头、站台及其他地方装卸材料、货物或人的机械设备，可连续运行或间歇运行的机械，固定式及移动式机械，以及安装在带轮底盘上的机械制造

(续表)

C			制造业	
		354	泵、阀门、压缩机及类似机械的制造	指泵、真空设备、压缩机，液压和气压动力机械及类似机械和阀门的制造
		355	轴承、齿轮、传动和驱动部件的制造	
		356	3560	烘炉、熔炉及电炉制造	指使用液体燃料、粉状固体燃料（焚化炉）或气体燃料，进行煅烧、熔化或其他热处理用的非电力熔炉、窑炉和烘炉等燃烧器的制造，以及工业或实验室用电炉及零件的制造
		357	风机、衡器、包装设备等通用设备制造	
		358	通用零部件制造及机械修理	
		359	金属铸、锻加工	
	36		专用设备制造业	
		361	矿山、冶金、建筑专用设备制造	
		362	化工、木材、非金属加工专用设备制造	
		363	食品、饮料、烟草及饲料生产专用设备制造	
		364	印刷、制药、日化生产专用设备制造	
		365	纺织、服装和皮革工业专用设备制造	
		366	电子和电工机械专用设备制造	
		367	农、林、牧、渔专用机械制造	
		368	医疗仪器设备及器械制造	
		369	环保、社会公共安全及其他专用设备制造	
	37		交通运输设备制造业	
		371	铁路运输设备制造	
		372	汽车制造	

(续表)

C				制造业	
		373		摩托车制造	
		374		自行车制造	
		375		船舶及浮动装置制造	
		376		航空航天器制造	
		379		交通器材及其他交通运输设备制造	
	39			电气机械及器材制造业	
		391		电机制造	
		392		输配电及控制设备制造	
		393		电线、电缆、光缆及电工器材制造	
		394	3940	电池制造	指以正极活性材料、负极活性材料,配合电介质,以密封式结构制成的,并具有一定公称电压和额定容量的化学电源的制造。包括一次性、不可充电和二次可充电,重复使用的干电池、蓄电池,以及利用氢与氧的合成转换成电能的装置,即燃料电池和利用太阳光转换成电能的太阳能电池的制造
		395		家用电力器具制造	指使用交流电源或电池的各种家用电器的制造
		396		非电力家用器具制造	
			3961	燃气、太阳能及类似能源的器具制造	指以液化气、天然气、人工煤气、沼气或太阳能作燃料,以马口铁、搪瓷、不锈钢等为材料加工制成的家用器具的生产
			3969	其他非电力家用器具制造	
		397		照明器具制造	
		399		其他电气机械及器材制造	
	40			通信设备、计算机及其他电子设备制造业	
		401		通信设备制造	
		402	4020	雷达及配套设备制造	指雷达整机及雷达配套产品的制造

(续表)

C				制造业	
		403		广播电视设备制造	
		404		电子计算机制造	
		405		电子器件制造	
		406		电子元件制造	
		407		家用视听设备制造	
	41			仪器仪表及文化、办公用机械制造业	
		411		通用仪器仪表制造	
		412		专用仪器仪表制造	
		413	4130	钟表与计时仪器制造	指各种钟、表、钟表机芯、时间记录装置、计时器的制造，还包括装有钟表机芯或同步马达用以测量、记录或指示时间间隔的装置、定时开关，以及钟表零配件的制造
		414		光学仪器及眼镜制造	
		415		文化、办公用机械制造	
		419	4190	其他仪器仪表的制造及修理	指上述未列明的仪器、仪表的制造与修理活动
	42			工艺品及其他制造业	
		421		工艺美术品制造	
		422		日用杂品制造	
			4221	制镜及类似品加工	指以平板玻璃为材料，经对其进行镀银、镀铝，或冷、热加工后成型的日用制品的制造
			4222	鬃毛加工、制刷及清扫工具的制造	指用原毛加工成生产刷子类产品的成品毛的生产，或以成品毛和棕、金属丝、塑料丝等为原料加工制刷的生产，以及其他清扫工具的制造
			4229	其他日用杂品制造	指上述类别中均未列明的制伞及其他各种日常生活用杂品的生产活动
		423	4230	煤制品制造	指用烟煤、无烟煤、褐煤及其他各种煤炭制成的煤砖、煤球等固体燃料制品的活动

(续表)

C			制造业	
	424	4240	核辐射加工	指核技术与同位素技术的应用，由核辐照站利用核技术对原有产品改良、改变性质并使其增值的加工活动
	429	4290	其他未列明的制造业	
	43		废弃资源和废旧材料回收加工业	
	431	4310	金属废料和碎屑的加工处理	指从各种废料[包括固体废料、废水(液)、废气等]中回收，并使之便于转化为新的原材料，或适于进一步加工为金属原料的金属废料和碎屑的再加工处理活动
	432	4320	非金属废料和碎屑的加工处理	指从各种废料[包括固体废料、废水(液)、废气等]中回收，或经过分类，使其适于进一步加工为新原料的非金属废料和碎屑的再加工处理活动

表 5-6

建筑业

E			建筑业	本类包括 47~50 大类
	47		房屋和土木工程建筑业	指建筑工程从破土动工到工程主体结构竣工(或封顶)的活动过程。不包括工程的内部安装和装饰活动
		471	4710	房屋工程建筑	指房屋主体工程的施工活动。不包括主体工程施工前的工程准备活动
		472		土木工程建筑	指土木工程主体的施工活动。不包括施工前的工程准备活动
			4721	铁路、道路、隧道和桥梁工程建筑	
			4722	水利和港口工程建筑	
			4723	工矿工程建筑	指除厂房外的矿山和工厂生产设施、设备的施工和安装，以及海洋石油平台的施工

(续表)

E				建筑业	本类包括47～50大类
			4724	架线和管道工程建筑	指建筑物外的架线、管道和设备的施工
			4729	其他土木工程建筑	
	48			建筑安装业	
		480	4800	建筑安装业	指建筑物主体工程竣工后,建筑物内各种设备的安装活动,以及施工中的线路敷设和管道安装。不包括工程收尾的装饰,如对墙面、地板、天花板、门窗等处理活动
	49			建筑装饰业	
		490	4900	建筑装饰业	指对建筑工程后期的装饰、装修和清理活动,以及对居室的装修活动
	50			其他建筑业	
		501	5010	工程准备	指房屋、土木工程建筑施工前的准备活动
		502	5020	提供施工设备服务	指为建筑工程提供配有操作人员的施工设备的服务
		509	5090	其他未列明的建筑活动	指上述未列明的其他工程建筑活动

表 5-7

交通运输、仓储业

F				交通运输、仓储业	本类包括51～59大类
	51			铁路运输业	指铁路客运、货运及相关的调度、信号、机车、车辆、检修、工务等活动。不包括铁路系统所属的机车、车辆及信号通信设备的制造厂(公司)、建筑工程公司、商店、学校、科研所、医院等
		511	5110	铁路旅客运输	
		512	5120	铁路货物运输	
		513		铁路运输辅助活动	
			5131	客运火车站	

(续表)

F				交通运输、仓储业	本类包括 51~59 大类
			5132	货运火车站	
			5139	其他铁路运输辅助活动	指铁路旅客、货物运输及为其服务的客、货运火车站以外的运输网、信号、调度及铁路设施的管理和养护
	52			道路运输业	
		521	5210	公路旅客运输	指城市以外道路的旅客运输活动
		522	5220	道路货物运输	指所有道路的货物运输活动
		523		道路运输辅助活动	指与道路运输相关的运输辅助活动
			5231	客运汽车站	指长途旅客运输汽车站的服务活动
			5232	公路管理与养护	
			5239	其他道路运输辅助活动	
	53			城市公共交通业	指城市旅客运输活动
		531	5310	公共电汽车客运	
		532	5320	轨道交通	
		533	5330	出租车客运	
		534	5340	城市轮渡	指城市的水上旅客轮渡运营活动
		539	5390	其他城市公共交通	指其他未列明的城市旅客运输活动
	54			水上运输业	
		541		水上旅客运输	
			5411	远洋旅客运输	
			5412	沿海旅客运输	
			5413	内河旅客运输	指江、河、湖泊、水库的水上旅客运输活动
		542		水上货物运输	
			5421	远洋货物运输	
			5422	沿海货物运输	
			5423	内河货物运输	指江、河、湖泊、水库的水上货物运输活动

(续表)

F				交通运输、仓储业	本类包括51~59大类
		543		水上运输辅助活动	
			5431	客运港口	
			5432	货运港口	
			5439	其他水上运输辅助活动	指其他未列明的水上运输辅助活动
	55			航空运输业	
		551		航空客货运输	
			5511	航空旅客运输	指以旅客运输为主的航空运输活动
			5512	航空货物运输	指以货物或邮件为主的航空运输活动
		552	5520	通用航空服务	指除客货运输以外的其他航空服务活动
		553		航空运输辅助活动	
			5531	机场	
			5532	空中交通管理	
			5539	其他航空运输辅助活动	指其他未列明的航空运输辅助活动
	56			管道运输业	
		560	5600	管道运输业	指通过管道对气体、液体等的运输活动
	57			装卸搬运和其他运输服务业	
		571	5710	装卸搬运	
		572	5720	运输代理服务	指与运输有关的代理及服务活动
	58			仓储业	指专门从事货物仓储、货物运输中转仓储,以及以仓储为主的物流送配活动
		581	5810	谷物、棉花等农产品仓储	
		589	5890	其他仓储	

第三节　企业绩效评价标准

海关是以国资委最新颁布的《企业绩效评价标准值》作为参照，对企业的财务状况进行评估的。国务院国资委统计评价局根据《中央企业综合绩效评价管理暂行办法》等文件规定，以全国国有企业月报表数据及其他相关统计资料，对上年度国有经济各行业运行状况进行客观分析和判断的基础上，运用数理统计方法测算制定了"企业绩效评价标准值"。

一、绩效评价标准值内容

（1）盈利能力状况：净资产收益率、总资产报酬率、销售利润率、盈余现金保障倍数和成本费用利润率。

（2）资产质量状况：总资产周转率、应收账款周转率、不良资产比率、流动资产周转率和资产现金回报率。

（3）债务风险：资产负债率、已获利息倍数、速动比率、现金流动负债率、带息负债比率和或有负债比率。

（4）经营增长状况：销售增长率、资本保值增值率、销售利润增长率、总资产增长率和技术投入比率。

（5）补充材料：存货周转率、资本积累率、3年资本平均增长率、3年销售平均增长率和不良资产比率。

二、盈利能力状况计算公式

（一）基本指标计算公式

1. 净资产收益率

$$净资产收益率 = \frac{净利润}{平均所有者权益} \times 100\%$$

其中　　$平均所有者权益 = \left(\dfrac{年初归属母公司}{所有者权益合计} + \dfrac{年末归属母公司}{所有者权益合计}\right) \div 2$

2. 总资产报酬率

$$总资产报酬率 = \dfrac{利润总额 + 利息支出}{平均资产总额} \times 100\%$$

其中　　平均资产总额 = (年初资产总额 + 年末资产总额) ÷ 2

(二) 修正指标计算公式

1. 销售(营业)利润率

$$销售(营业)利润率(\%) = \dfrac{利润总额}{营业收入} \times 100\%$$

其中　　营业收入 = 营业总收入 - 营业成本 - 税金及附加

2. 盈余现金保障倍数

$$盈余现金保障倍数 = \dfrac{经营现金净流量}{净利润}$$

(1) 盈余现金保障倍数是从现金流入和流出的动态角度,对企业收益的质量进行评价,对企业的实际收益能力进行再次修正。

(2) 盈余现金保障倍数在收付实现制基础上,充分反映出企业当期净收益中有多少是有现金保障的,挤掉了收益中的水分,体现出企业当期收益的质量状况,同时,减少了权责发生制会计对收益的操纵。

(3) 一般而言,当企业当期净利润大于 0 时,该指标应当大于 1。该指标越大,表明企业经营活动产生的净利润对现金的贡献越大。

3. 成本费用利润率

$$成本费用利润率 = \dfrac{利润总额}{成本费用总额} \times 100\%$$

成本费用利润率是企业一定期间的利润总额与成本、费用总额的比率。成本费用利润率指标表明每付出 1 元成本费用可获得多少利润,体现了经营耗费所带来的经营成果。该项指标越高,反映企业的经济效益越好。

4. 资本收益率

$$资本收益率 = \frac{净利润}{平均资本} \times 100\%$$

对于单户企业,净利润就是企业的所得税后利润;而对于集团型企业,净利润是指归属母公司的税后净利润。

$$\frac{平均}{资本} = \left[\left(\frac{实收资本}{年初数} + \frac{资本公积}{年初数}\right) + \left(\frac{实收资本}{年末数} + \frac{资本公积}{年末数}\right)\right] \div 2$$

三、资产质量状况计算公式

(一) 基本指标计算公式

1. 总资产周转率(次)

$$总资产周转率(次) = \frac{营业总收入}{平均资产总额}$$

2. 应收账款周转率(次)

$$\frac{应收账款}{周转率(次)} = \frac{当期销售净收入}{(期初应收账款余额 + 期末应收账款余额) \div 2}$$

(二) 修正指标计算公式

1. 不良资产比率

$$不良资产比率 = \frac{年末不良资产总额}{年末资产总额} \times 100\%$$

其中 $\frac{年末不良}{资产总额} = \frac{资产减}{值准备} + \frac{应提未提和应摊}{未摊的潜亏挂账} + \frac{未处理}{资产损失}$

年末资产总额是指企业资产总额的年末数,数据取值于"资产负债表"。

2. 资产现金回收率

$$资产现金回收率 = \frac{经常现金净流量}{平均资产总额} \times 100\%$$

3. 流动资产周转率(次)

$$流动资产周转率(次) = \frac{营业总收入}{平均流动资产总额}$$

其中　平均流动资产总额 =(年初流动资产总额 + 年末流动资产总额)÷2

四、债务风险状况计算公式

(一)基本指标计算公式

1. 资产负债表

$$资产负债率 = \frac{负债总额}{资产总额} \times 100\%$$

2. 已获利息倍数

$$已获得利息倍数 = \frac{利润总额 + 利息支出}{利息支出}$$

(二)修正指标计算公式

1. 速动比率

$$速动比率 = \frac{速动资产}{资产总额} \times 100\%$$

2. 速动资产

$$速动资产 = 流动资产 - 存货$$

3. 现金流动负债比率

$$现金流动负债比率 = \frac{经营现金净流量}{流动负债}$$

4. 或有负债比率

$$或有负债比率 = \frac{或有负债余额}{所有者权益} \times 100\%$$

其中　或有负债余额 = 已贴现承兑汇票 + 担保余额 + 贴现与担保外的被诉事项金额 + 其他或有负债

五、经营增长状况计算公式

(一)基本指标计算公式

1. 销售(营业)增长率

$$销售(营业)增长率 = \frac{本年营业总收入增长额}{上年营业总收入} \times 100\%$$

2. 资本保值增值率

$$资本保值增值率 = \frac{扣除客观因素后的年末国有资本权益}{年初国有资本及权益} \times 100\%$$

(二)修正指标计算公式

1. 总资产增长率

$$总资产增长率 = \frac{年末资产总额 - 年初资产总额}{年初资产总额} \times 100\%$$

2. 销售(营业)利润增值率

$$销售(营业)利润增值率 = \frac{本年销售(营业)利润 - 上年销售(营业)利润}{上年销售(营业)利润} \times 100\%$$

3. 投入技术比率

$$技术投入比率 = \frac{本年科技支出合计}{营业总收入} \times 100\%$$

六、补充资料计算公式

1. 存货周转率(次)

$$存货周转率(次) = \frac{营业成本}{存货平均余额}$$

2. 两金占流动资产比重

$$两金占流动资产比重 = \frac{应收账款 + 存货}{流动资产}$$

3. 成本费用总额占营业收入比重

$$成本费用总额占营业收入比重 = \frac{成本费用总额}{营业总收入} \times 100\%$$

4. 经济增长值率

$$经济增加值率 = \frac{经济增加值}{调整后资本} \times 100\%$$

其中

经济增加值 = 净利润 + (利息支付 + 研究开发费用调整项) × (1 − 25%)
－ 调整后资本 × 平均资本成本率(5.5%)

调整后资本 = 平均资产总额 − 平均应付票据 − 平均应付账款
－ 平均预付收款项 − 平均应交税款 − 平均应付利息
－ 平均应付职工薪酬 − 平均应付股利 − 其他平均应付款
－ 平均其他流动负债(不含其他带息流动负债) −
平均专项应付款 − 平均特准备储备基金 − 平均在建工程

5. EBITDA率

$$EBITDA率 = \frac{净利润 + 所得税 + 利息支出 + 固定资产折旧 + 无形资产摊销}{营业总收入} \times 100\%$$

6. 资本积累率

$$资本积累率 = \frac{年末所有者权益 − 年初所有者权益}{年初所有者权益} \times 100\%$$

应该注意的是,以上指标计算口径参考上年度决算报表主要分析指标表。

第四节 报关差错率计算

根据 AEO 认证标准要求,报关企业连续 4 个季度单季报关差错率不超过同期全国平均报关差错率。进出口货物收发货人连续 4 个季度单季报关差错率或者所委托的报关企业报关差错率不超过同期全国平均报关差错率。

根据《中华人民共和国海关报关单位注册登记管理规定》(海关总署令第221号),自2014年12月1日起,报关单位在办理海关业务过程中,出现《报关差错项目表》所列情事时,海关按报关差错予以记录。报关单位可以通过海关"企业进出口信用管理系统"的"关企合作平台"(网址:http://jcf.chinaport.gov.cn/jcf)查询本单位的报关差错。报关单位对报关差错记录有异议的,可以自报关差错记录之日起15日内向记录海关以书面方式申请复核。海关自收到书面申请之日起15日内进行复核,对记录错误予以更正。

表5-8所列为报关差错项目。

表5-8

报关差错项目表

编号	报关差错项目
一、因以下原因被电子审单退回的,记为报关差错	
1001	进出口标志错误
1002	进出口岸错误
1003	装货港或目的港错误
1004	运输工具及代码错误
1005	进口舱单核注异常
1006	运输方式错误
1007	企业性质错误
1008	经营单位错误
1009	收发货人地区错误
1010	申报单位错误
1011	起/抵运地错误
1012	监管方式错误
1013	毛重、净重或折合标箱数错误
1014	统计逻辑检查错误
1015	征税逻辑检查错误
1016	征免性质错误
1017	成交方式错误
1018	结汇方式错误

(续表)

编号	报关差错项目
1019	运费错误
1020	杂费错误
1021	保险费错误
1022	件数错误
1023	监管证件错误
1024	加工贸易手册、账册比对错误
1025	征免税证明比对错误
1026	进出口日期错误
1027	申报日期错误
1028	商品项数错误
1029	加工贸易结转申请表比对异常
1030	商品序号错误
1031	商品编码错误
1032	商品名称、规格型号错误
1033	原产地与消费地错误
1034	商品项目序号错误
1035	数量错误
1036	计量单位错误
1037	价格错误
1038	币制错误
1039	用途代码错误
1040	征免方式错误
1041	不具备进行征税处理的条件
1042	该项为空，暂无报关差错项目
1043	运抵报告比对异常
1044	不符合集中申报要求
1045	内销征税联系单比对错误
1046	减免税后续管理证明比对异常

二、因以下原因被人工审单退回的，记为报关差错

2001	不符合商品规范申报要求
2002	价格要素申报错误

(续表)

编号	报关差错项目
2003	具体列名商品归类错误
2004	企业申请退单
2005	以公告形式公布的商品归类决定所述商品归类错误
2006	拒不解释、说明或补充材料,导致退单

三、因以下原因修改报关单的,记为报关差错

编号	报关差错项目
3001	经营单位名称错误
3002	经营单位编码错误
3003	申报单位名称错误
3004	申报单位编码错误
3005	货主单位名称错误
3006	货主单位地区代码错误
3007	贸易国别(起/抵运地)错误
3008	进出口岸代码错误
3009	指运港(抵运港)错误
3010	监管方式错误
3011	进出口日期错误
3012	征免性质分类错误
3013	许可证编号错误
3014	产销国错误
3015	用途错误
3016	申报数量错误
3017	件数错误
3018	毛重错误
3019	净重错误
3020	第一(法定)数量错误
3021	第二数量错误
3022	申报计量单位错误
3023	第一(法定)计量单位错误
3024	第二计量单位错误
3025	申报单价错误
3026	申报总价错误

(续表)

编号	报关差错项目
3027	运费币制错误
3028	运费标记错误收
3029	运费/率错误
3030	保险费币制错误
3031	保险费标记错误
3032	保险费/率错误
3033	杂费币制错误
3034	杂费标记错误
3035	杂费/率错误
3036	成交方式错误
3037	结汇方式错误
3038	包装种类错误
3039	合同号错误
3040	合同商品项序号错误
3041	集装箱标准箱数错误
3042	运输方式代码错误
3043	保税仓库或者监管仓库编号错误
3044	加工成品版本号错误
3045	关联备案号错误
3046	关联编号字段(转出的手册、转入、转出的报关单)错误
3047	随附单证错误
3048	备注错误
3049	提运单号码错误
3050	运输工具名称错误
3051	运输工具航次(班)号错误
3052	商品编号错误
3053	商品规格、型号错误
3054	商品名称错误
3055	成交币制错误

四、因以下原因撤消报关单的,记为报关差错

4001	经查验货物与申报不符

(续表)

编号	报关差错项目
4002	不符合商品规范申报要求
4003	许可证栏目错误
4004	备案号栏目错误
4005	自接到海关"现场交单"或"放行交单"通知之日起超过规定期限,不递交书面单证并办理相关海关手续

五、因以下原因导致加工贸易手册设立、变更、核销被退回的,未按时办理手册、账册延期、核销的,记为报关差错

5001	单证无效、不齐全,或与电子数据不符
5002	未按期缴纳风险担保金
5003	剩余料件、残次品、副产品未处理导致手册进出口不平衡
5004	未按期办理手册核销手续
5005	未按期办理手册延期手续
5006	未按期办理账册核销手续
5007	未按期办理账册延期手续
5008	拒不解释、说明或补充材料

六、报关单随附单证有下列情形的,记为报关差错

6001	通关作业无纸化模式下,向海关上传的报关单随附单证不符合格式标准
6002	通关作业无纸化模式下,放行后10日内不及时补传报关单随附单证
6003	在理单环节,因随附单证不符合完整性和准确性要求被退回补传

第五节 加分标准项中相关概念说明

一、外贸出口先导指数和样本企业

AEO认证加分标准:属于中国外贸出口先导指数样本企业,且1年内填报问卷及时率在90%以上、问卷答案与出口增速的吻合度在0.3以上的;或者属于进出口货物使用去向调查样本企业、其他

统计专项调查样本企业,且1年内填报问卷及时率在90%以上的。

(一)外贸出口先导指数

我国是制造业大国,被称为世界工厂。但2000年后我国经济发展和对外贸易面临着严峻复杂的形势,外贸出口作为我国经济增长的重要引擎,及时研判出口形势日益成为中央领导、国家经济管理部门、企业等各个层面的关注焦点。海关作为我国进出口货物贸易统计的官方机构,为加强对经济运行趋势的预测,更好地服务于我国经济社会发展和领导决策,于2012年6月开始编制"中国外贸出口先导指数"并于2014年4月开始正式发布。

1. 外贸先导指数的组成

在我国外贸出口活动中,人民币实际有效汇率、加工贸易进口、外商直接投资、经合组织领先指数、主要市场的需求变化等宏观指标,企业订单、信心、成本等微观指标,都对出口走势有提前预知作用。中国外贸出口先导指数(China Export Leading Indicator,缩写为ELI)就是将这些指标进行统计处理合成后的一个月度综合指标,用于预测我国未来两三个月的出口走势。它是由10个统计指标构成的,包括加工贸易进口、进口价格指数、制造业外商直接投资、出口集装箱运价指数、人民币实际有效汇率、经合组织领先指数和我国主要出口市场需求状况(包括消费者信心指数和采购经理人指数)等7个对出口有先导作用的宏观统计指标以及海关通过科学抽样在全国选取近2 000家出口企业(其在出口总值中的比重为37%)开展月度网络问卷调查后按扩散系数法计算出"新增出口订单指数""出口经理人信心指数"和"出口企业综合成本指数"3个微观先导指标。对上述10个指标进行统计处理,所合成的指数即为"出口先导指数"。该指数数值在0~100之间,指数扩大,表明我国未来两三个月的出口形势趋于乐观;反之,表明出口将面临一定的下行压力。

2. 出口先导指数的基本特征

出口先导指数是由海关总署编制,将5个海关统计指标和5个非海关统计指标经过统计处理而合成的,具有权威性、独特性、专业性和可行性。

(1)权威性。从海关职能来看,海关本身就担负着对外贸易形势进行统计分析和监测预警的职能,编制"出口先导指数"是《中华人民共和国海关统计条例》赋予海关统计的重要职责,其部门属性就决定了其权威性。从数据采集来看,海关掌握着进出口贸易大量的第一手数据资料,能够及时、客观、有效地反映外贸形势,同样具有权威性。同时,"出口先导指数"的月度编制和对外发布,都是由海关总署综合统计司直接负责的。

(2)独特性。在"出口先导指数"的10个分指标中,"出口新增订单数""出口经理人信心指数"和"出口企业综合成本变动指数"这3个指标,是依托海关独有的出口企业管理资源,通过月度企业抽样问卷调查获得。

这3个指标属于微观指标,来自于外贸出口主体——出口企业对订单、成本等的感受和出口信心,这3个指标能直接反映我国外贸出口走势,能有效弥补宏观指标统计数据"全而不细"的局限性,确保外贸出口先导指数编制的科学有效。

(3)专业性。"出口先导指数"是专门针对我国外贸出口设计和编制的,其经过海关统计专家多次论证后确定的。在方案设计方面,充分借鉴了国际先进经验并根据中国国情加以修订完善;在分项指标选取上兼顾宏观和微观、国内和国际、部分和整体等多方因素;在统计方法运用上,统筹使用抽样调查、因子分析、指数功效等多种方法。在用近似数据替代3个问卷调查指标后,利用历史数据实证研究表明,"出口先导指数"与实际出口增速吻合度很高,印证了指数编制方案的专业科学性。

(4)可行性。"出口先导指数"中的10个分项指标都能通过专业稳定的渠道,直接或经过简单计算后及时获取的。编制中选取的统计方法高效先进、具有较强可操作性,月度指数编制工作顺畅可行。

(二) 外贸出口先导指数样本企业

中国国家海关总署依据企业出口规模、行业代表性,以及在以往工作中表现出的规范性等几个指标,从全国的出口企业中遴选出了部分企业作为代表,这些被遴选出来的代表企业即为外贸出口先导指数样本企业。最新的2016—2018年外贸出口先导指数样本企业为2 702家。

海关总署专门开发了一套网络问卷调查系统,通过网络问卷形式,采集企业的出口情况和"话语心声"。样本企业每月25～27日通过网络参与问卷调查,提供关于成本、订单等有关信息。

为保证样本企业的代表性和先导指数编制的科学性,海关总署每两年对样本企业名单调整一次。

(三) 网络问卷调查

"出口先导指数"各分指标中有5个是海关统计指标,而其中"出口新增订单数""出口经理人信心指数""出口企业综合成本变动指数"这3个指标属于海关独创性指标,它们的数据来源就是通过企业抽样问卷调查的方式获得的。样本企业真实、完整、有效地填报问卷调查对于"出口先导指数"的编制十分重要。

1. 网络问卷调查的流程

网络入口:海关信息网下"中国外贸出口先导指数网络问卷调查系统",网址为http://www.haiguan.info,每月25～27日(节假日会有所调整)系统开放。

调查要求:为确保数据质量,企业应如实、及时提交问卷。海关总署将定期对企业填报问卷的及时率、填报率和数据质量进行评估。

技术支持:样本企业注册地直属海关统计部门负责对本辖区企业网上填报工作予以具体指导。

保密承诺:企业网上填报信息仅用于出口先导指数,由海关统一收集、保存,并严格保密。

2. 网络问卷填表说明

(1) 第1～第3题均为单项选择,必须回答,且每题只能选择一个答案。第 4 题为开放性问题,可选答。

(2) 每月规定的填报日期内企业可重复登录、修改并提交问卷,系统以最后一次提交内容为准。

(3) 对企业提出的业务咨询问题,将由 12360 热线进行回复。

二、报关单证企业存单

AEO 认证加分标准:属于积极配合海关开展报关单证企业存单,且连续 4 个季度单季存单及时率、准确率高于全国平均水平的企业。

以上标准中所提到的"开展报关单证企业存单"开展报关单证企业暂存试点。海关总署以 2010 年第 59 号公告的形式发布了相关管理规定。具体如下:

(1) 企业暂存报关单证是指进出口货物收发货人或其代理人按照分类通关作业模式,经海关批准免于现场递交并由企业暂行保管的,不涉及许可证件,不涉及征税、减免税且无需查验的报关单及其随附单证(简称报关单证)。

(2) 企业暂存报关单证分为进出口货物收发货人"自行暂存"和报关企业"集中代存"两种类型。

(3) 出口报关单证企业自行暂存和集中代存试点在全国海关全面开展;进口报关单证企业自行暂存和集中代存试点在上海、南京、青岛、黄埔海关开展。

(4) 试点海关范围内 A 类及以上类别进出口货物收发货人申请并经注册地海关认证和验收后,可自行暂存在注册地海关申报的报关单证;试点海关范围内 A 类及以上类别报关企业申请并经注册地海关认证和验收后,可暂存其代理的注册地在本关区(指企业注册地所在直属海关)范围内的 A 类及以上类别进出口货物收发货人(须代理报关企业与被代理进出口货物收发货人签订代理协议)在报关企业主管地海关申报的报关单证。

(5) 海关对自愿申请开展报关单证自行暂存的进出口货物收

发货人和集中代存的报关企业进行审核评估,并对企业单证保管的硬件设施和单证管理制度进行实地验收。企业必须有满足纸质单证档案保管要求的专用场所和设施,配备计算机和软件用于单证理单和档案管理,并制定报关单证管理制度,安排专人负责报关单证的归档、保管、接待查阅和安全防范工作。

(6)海关对单证暂存企业的报关单证管理状况进行检查,检查内容包括企业暂存单证保管库房的安全性、理单归档的及时性、纸质单证档案的完整性、所存单证内容与海关电子数据的一致性以及相关管理制度的落实情况等。

三、海关特殊监管区域

AEO认证加分标准:属于海关特殊监管区域内企业。

海关特殊监管区域是经国务院批准,设立在中华人民共和国关境内,赋予承接国际产业转移、联接国内国际两个市场的特殊功能和政策,由海关为主实施封闭监管的特定经济功能区域。现有六种模式:保税区、出口加工区、保税物流园区、跨境工业园区(包括珠海跨境工业园区,霍尔果斯边境合作区)、保税港区、综合保税区。海关特殊监管区域都具有以下基本特征:一是都需要经过国务院审批,纳入国家级开发区范畴,同时享受所在地区国家赋予开发区的优惠政策;二是采取封闭围网管理,海关特殊监管区域基础和监管设施验收标准有严格的标准;三是都具有一线二线的通关特征;四是都具备保税功能,即对区内的货物实施保税政策。

我国从1990年6月国务院共批准设立第一个海关特殊监管区域——上海外高桥保税区以来,经过合并退出等整合优化,现有海关特殊监管区域113个,分布在除青海、西藏、甘肃外的28个省、市、自治区。

经过20多年的发展,海关特殊监管区域在承接国际产业转移、推进加工贸易转型升级、扩大对外贸易和促进就业等方面发挥了积极作用。海关特殊监管区域在我国外向型经济中发挥的突出引领作用,但也存在一些制约其发展的问题。比如,政策功能不统一、产业结构以制造业为主相对单一、生产性服务业缺乏政策支持等。这些制约因素,不利于海关特殊监管区域发挥连接两个市场、统筹两种资源的枢纽作用,不利于优化产业结构、推动产业多元化,不利于促进其平衡、协调、可持续发展。2012年,国务院专门出台了《国务院关于促进海关特殊监管区域科学发展的指导意见》(国发〔2012〕58号),提出了海关特殊监管区域建设与发展方向和具体要求。十八届三中全会明确提出"加快海关特殊监管区域整合优化"。为此,海关总署组织相关部委联合对东中西部有代表性的海关特殊监管区域进行调研起草了《加快海关特殊监管区域整合优化改革方案》。主要从两方面进行改革:一是继续推进海关特殊监管区域整合,包括"三个整合"(整合现有区域类型、整合现有区域政策、整合管理资源);二是推进海关特殊监管区域优化转型,主要体现"五个优化"(优化产业结构、优化贸易多元、优化区域功能、优化管理职能、优化监管模式)等内容。

当前,海关总署着力推进海关特殊监管区域发展在连接两个市场、统筹两种资源,促进贸易多元化,引导向产业链高端延伸等方面的作用。海关总署发布了《海关特殊监管区域入区项目指引》,企业在选择入区前需要认真研究各项政策,结合自身实际情况,选择合适的发展方式。

章节练习题

一、填空题

1. 根据《法人和其他组织统一社会信用代码编码规则》规定统一社会信用代码用_____位阿拉伯数字或_____英文字母表示。

2. 统一社会信用代码由_____代码、_____代码、_____划码、_____代码和校验码五个部分组成。

3. 海关对企业的财务状况进行评估,是以国资委颁布的_____作为参照标准的。

4. 绩效评价标准值中企业盈利能力状况主要包含_____、_____、_____、_____。

5. 海关特殊监管区域是经_____批准,设立在中华人民共和国关境内,赋予承接国际产业转移、联接国内国际两个市场的特殊功能和政策,由海关为主实施封闭监管的_____区域。

二、选择题(1、2 为单项选择题;3、4、5 为多项选择题)

1. 报关企业申报 AEO 认证的基本要求是:连续_____个季度单季报关差错率不超过同期全国平均报关差错率。

   A. 2   B. 4   C. 8   D. 16

2. 报关单位对报关差错记录有异议的,可以自报关差错记录之日起_____日内向记录海关以书面方式申请复核。海关自收到书面申请之日起_____日内进行复核,对记录错误予以更正。

   A. 7 7   B. 15 30   C. 15 15   D. 30 30

3. 企业暂存报关单证是指进出口货物收发货人或其代理人按照分类通关作业模式,经海关批准免于现场递交并由企业暂行保管的,不涉及_____且无需查验的报关单及其随附单证。

   A. 减免税   B. 偷漏税   C. 许可证件   D. 征税

4. 出口先导指数中属于海关独创性指标的是_____。

   A. 出口新增订单数   B. 出口经理人信心指数
   C. 出口企业综合成本变动指数 D. 出口累计计订单数

5. 下列各项中,属于海关特殊监管区域的有_____。

   A. 保税区   B. 综合保税区
   C. 出口加工区   D. 跨境工业园区

三、是非题

1. 《法人和其他组织统一社会信用代码编码规则》规定统一代

码的第1位为机构类别代码。 (   )

2. 对于集团型企业,净利润是指归属母公司的税后净利润。
(   )

3. 属于中国外贸出口先导指数样本企业,且1年内填报问卷及时率在80%以上、问卷答案与出口增速的吻合度在0.5以上的,在AEO认证可以获得加分。 (   )

4. 我国国务院批准设立的第一个海关特殊监管区域是上海外高桥保税区。 (   )

5. "出口先导指数"中海关独创性指标的数据是通过企业抽样问卷调查的方式获得的。 (   )

四、论述题

1. 试述法人和其他组织统一社会信用代码的主要编码规则。
2. 海关特殊监管区域需要具备哪些基本特征?

附录一

中华人民共和国海关企业信用管理暂行办法

（海关总署令第 225 号）

第一章 总 则

第一条 为了推进社会信用体系建设，建立企业进出口信用管理制度，保障贸易安全与便利，根据《中华人民共和国海关法》及其他有关法律、行政法规的规定，制定本办法。

第二条 海关注册登记企业信用信息的采集、公示，企业信用状况的认定、管理等适用本办法。

第三条 海关根据企业信用状况将企业认定为认证企业、一般信用企业和失信企业，按照诚信守法便利、失信违法惩戒原则，分别适用相应的管理措施。

第四条 认证企业是中国海关经认证的经营者（AEO），中国海关依法开展与其他国家或者地区海关的 AEO 互认，并给予互认 AEO 企业相应通关便利措施。

第五条 海关根据社会信用体系建设和国际合作需要，与国家有关部门以及其他国家或者地区海关建立合作机制，推进信息互换、监管互认、执法互助。

第二章 企业信用信息采集和公示

第六条 海关应当采集能够反映企业进出口信用状况的下列信息，建立企业信用信息管理系统：

（一）企业在海关注册登记信息；

（二）企业进出口经营信息；

（三）AEO互认信息；

（四）企业在其他行政管理部门的信息；

（五）其他与企业进出口相关的信息。

第七条 海关应当在保护国家秘密、商业秘密和个人隐私的前提下，公示企业下列信用信息：

（一）企业在海关注册登记信息；

（二）海关对企业信用状况的认定结果；

（三）企业行政处罚信息；

（四）其他应当公示的企业信息。

海关对企业行政处罚信息的公示期限为5年。

海关应当公布企业信用信息的查询方式。

第八条 公民、法人或者其他组织认为海关公示的企业信用信息不准确的，可以向海关提出异议，并提供相关资料或者证明材料。海关应当自收到异议申请之日起20日内复核。公民、法人或者其他组织提出异议的理由成立的，海关应当采纳。

第三章 企业信用状况的认定标准和程序

第九条 认证企业应当符合《海关认证企业标准》。

《海关认证企业标准》分为一般认证企业标准和高级认证企业标准，由海关总署制定并对外公布。

第十条 企业有下列情形之一的，海关认定为失信企业：

（一）有走私犯罪或者走私行为的；

（二）非报关企业1年内违反海关监管规定行为次数超过上年度报关单、进出境备案清单等相关单证总票数千分之一且被海关行政处罚金额超过10万元的违规行为2次以上的，或者被海关行政处罚金额累计超过100万元的；

报关企业1年内违反海关监管规定行为次数超过上年度报关

单、进出境备案清单总票数万分之五的,或者被海关行政处罚金额累计超过10万元的;

(三)拖欠应缴税款、应缴罚没款项的;

(四)上一季度报关差错率高于同期全国平均报关差错率1倍以上的;

(五)经过实地查看,确认企业登记的信息失实且无法与企业取得联系的;

(六)被海关依法暂停从事报关业务的;

(七)涉嫌走私、违反海关监管规定拒不配合海关进行调查的;

(八)假借海关或者其他企业名义获取不当利益的;

(九)弄虚作假、伪造企业信用信息的;

(十)其他海关认定为失信企业的情形。

第十一条 企业有下列情形之一的,海关认定为一般信用企业:

(一)首次注册登记的企业;

(二)认证企业不再符合本办法第九条规定条件,且未发生本办法第十条所列情形的;

(三)适用失信企业管理满1年,且未再发生本办法第十条规定情形的。

第十二条 企业向海关申请成为认证企业的,海关按照《海关认证企业标准》对企业实施认证。

海关或者申请企业可以委托具有法定资质的社会中介机构对企业进行认证;中介机构认证结果经海关认可的,可以作为认定企业信用状况的参考依据。

第十三条 海关应当自收到企业书面认证申请之日起90日内作出认证结论。特殊情形下,海关认证时限可以延长30日。

第十四条 企业有下列情形之一的,海关应当终止认证:

(一)发生涉嫌走私或者违反海关监管规定的行为被海关立案侦查或者调查的;

（二）主动撤回认证申请的；

（三）其他应当终止认证的情形。

第十五条 海关对企业信用状况的认定结果实施动态调整。

海关对高级认证企业应当每3年重新认证一次，对一般认证企业不定期重新认证。认证企业未通过重新认证适用一般信用企业管理的，1年内不得再次申请成为认证企业；高级认证企业未通过重新认证但符合一般认证企业标准的，适用一般认证企业管理。

适用失信企业管理满1年，且未再发生本办法第十条规定情形的，海关应当将其调整为一般信用企业管理。

失信企业被调整为一般信用企业满1年的，可以向海关申请成为认证企业。

第四章 管理原则和措施

第十六条 一般认证企业适用下列管理原则和措施：

（一）较低进出口货物查验率；

（二）简化进出口货物单证审核；

（三）优先办理进出口货物通关手续；

（四）海关总署规定的其他管理原则和措施。

第十七条 高级认证企业除适用一般认证企业管理原则和措施外，还适用下列管理措施：

（一）在确定进出口货物的商品归类、海关估价、原产地或者办结其他海关手续前先行办理验放手续；

（二）海关为企业设立协调员；

（三）对从事加工贸易的企业，不实行银行保证金台账制度；

（四）AEO互认国家或者地区海关提供的通关便利措施。

第十八条 失信企业适用海关下列管理原则和措施：

（一）较高进出口货物查验率；

（二）进出口货物单证重点审核；

（三）加工贸易等环节实施重点监管；

（四）海关总署规定的其他管理原则和措施。

第十九条 高级认证企业适用的管理措施优于一般认证企业。

因企业信用状况认定结果不一致导致适用的管理措施相抵触的，海关按照就低原则实施管理。

认证企业涉嫌走私被立案侦查或者调查的，海关暂停适用相应管理措施，按照一般信用企业进行管理。

第二十条 企业名称或者海关注册编码发生变更的，海关对企业信用状况的认定结果和管理措施继续适用。

企业有下列情形之一的，按照以下原则作出调整：

（一）企业发生存续分立，分立后的存续企业承继分立前企业的主要权利义务的，适用海关对分立前企业的信用状况认定结果和管理措施，其余的分立企业视为首次注册企业；

（二）企业发生解散分立，分立企业视为首次注册企业；

（三）企业发生吸收合并，合并企业适用海关对合并后存续企业的信用状况认定结果和管理措施；

（四）企业发生新设合并，合并企业视为首次注册企业。

第五章 附 则

第二十一条 作为企业信用状况认定依据的走私犯罪，以刑事判决书生效时间为准进行认定。

作为企业信用状况认定依据的走私行为、违反海关监管规定行为，以海关行政处罚决定书作出时间为准进行认定。

第二十二条 本办法下列用语的含义是：

"处罚金额"，指因发生违反海关监管规定的行为，被海关处以罚款、没收违法所得或者没收货物、物品价值的金额之和。

"拖欠应纳税款"，指自缴纳税款期限届满之日起超过3个月仍未缴纳进出口货物、物品应当缴纳的进出口关税、进出口环节海关代征税之和,包括经海关认定违反海关监管规定,除给予处罚外,尚需缴纳的税款。

"拖欠应缴罚没款项",指自海关行政处罚决定规定的期限届满之日起超过3个月仍未缴纳海关罚款、没收的违法所得和追缴走私货物、物品等值价款。

"1年",指连续的12个月。

"年度",指1个公历年度。

"以上""以下",均包含本数。

"经认证的经营者(AEO)",是指以任何一种方式参与货物国际流通,符合本办法规定的条件及《海关认证企业标准》并通过海关认证的企业。

第二十三条　本办法由海关总署负责解释。

第二十四条　本办法自2014年12月1日起施行。2010年11月15日海关总署令第197号公布的《中华人民共和国海关企业分类管理办法》同时废止。

附录二

中华人民共和国海关企业信用管理
暂行办法实施相关事项

(海关总署公告 2014 年第 81 号)

《中华人民共和国海关企业信用管理暂行办法》(海关总署令第225号,以下简称《信用办法》)已于2014年10月8日对外公布,自2014年12月1日起施行,现将有关事项公告如下:

一、自2014年12月1日起,按照《中华人民共和国海关企业分类管理办法》(海关总署令第197号)适用AA类管理的企业过渡为高级认证企业;适用A类管理的企业过渡为一般认证企业;适用B类管理的企业过渡为一般信用企业;适用C类、D类管理的企业,海关按照《信用办法》重新认定企业信用等级。C类、D类企业经重新认定后信用等级为失信企业的,企业信用等级适用时间仍按原适用C类、D类时间计算。认证企业可以凭适用AA类、A类管理的法律文书向海关申请换领《认证企业证书》。

二、海关按照《企业信用信息公示表》(详见附件)内容,通过"中国海关企业进出口信用信息公示平台"(网址:http://credit.customs.gov.cn),向社会公示在海关注册登记企业的信用信息。

三、公民、法人或者其他组织对海关公示的企业信用信息提出异议的,应当提供书面说明或者证明材料。异议人为公民的,应当在提交材料上签名,海关验核异议人身份证件原件;异议人为法人或者其他组织的,应当在提交材料上加盖本单位印章。

四、认证企业发生信用等级调整的,应当将原《认证企业证书》交回海关。无法交回的,海关公示作废。企业遗失《认证企业证书》的,可以向原发证海关申请补发,遗失证书海关公示作废。

五、企业信用等级认定过程中,按照规定可以进行规范改进的,海关允许企业进行规范改进。规范改进期限由海关确定,最长不超过 90 日,企业规范改进时间不计入认证时间。

六、《信用办法》和《海关认证企业标准》中的"1 年内"根据企业信用等级调整情形,按照以下方式进行计算:企业信用等级向上调整为认证企业的,自海关接受企业申请之日起倒推 12 个月计算;企业信用等级向下调整的,以最近一次海关行政处罚决定作出之日倒推 12 个月计算。

本公告自 2014 年 12 月 1 日起施行。

特此公告。

海关总署

2014 年 11 月 18 日

附录三

关于对海关高级认证企业实施联合激励的合作备忘录

为了贯彻党的十八大、十八届三中、四中、五中全会精神，落实《国务院关于印发社会信用体系建设规划纲要（2014—2020年）的通知》（国发〔2014〕21号）、《国务院关于建立完善守信联合激励和失信联合惩戒制度加快推进社会诚信建设的指导意见》（国发〔2016〕33号）、中央文明委《关于推进诚信建设制度化的意见》（文明委〔2014〕7号）等文件关于"褒扬诚信、惩戒失信"的总体要求，建立健全守信联合激励机制，完善进出口领域诚信体系建设。国家发展改革委、人民银行、海关总署、中央宣传部、中央文明办、教育部、工业和信息化部、公安部、民政部、财政部、人力资源社会保障部、国土资源部、环境保护部、住房城乡建设部、交通运输部、水利部、农业部、商务部、文化部、卫生计生委、国资委、税务总局、工商总局、质检总局、安全监管总局、食品药品监管总局、林业局、知识产权局、旅游局、法制办、国家网信办、银监会、证监会、保监会、外汇局、共青团中央、全国妇联、全国总工会、全国工商联、贸促会、中国铁路总公司等部门对海关高级认证企业实施守信联合激励措施达成如下一致意见。

一、联合激励对象

联合激励的对象为海关高级认证企业。是指已经在海关注册登记的企业，根据《中华人民共和国海关企业信用管理暂行办法》及相关配套文件的规定，向海关提出申请，经海关书面审查、核实，并经海关专业认证人员对企业进行实地认证，确认企业在内部控制、财务偿付能力、守法规范、贸易安全等方面，均符合《海关认证企业标准（高级认证）》的规定，由海关颁发了海关高级认证企业证书的企业。

二、信息共享与联合激励的实施方式

国家发展改革委基于全国信用信息共享平台建立守信联合激励系统。海关总署通过该系统向签署本备忘录的相关部门提供海关高级认证企业名单及企业相关信息，并按照有关规定动态更新。同时，在"信用中国"网站、企业信用信息公示系统、中国海关企业进出口信用信息公示平台、海关总署门户网站等向社会公布。各部门从全国信用信息共享平台守信联合激励系统中获取海关高级认证企业信息，执行或协助执行本备忘录规定的激励措施，定期将联合激励实施情况通过该系统反馈给国家发展改革委和海关总署。

三、联合激励的动态管理

海关总署将通过海关企业进出口信用管理系统实时、动态监控企业在进出口领域的诚信守法情况，一经发现企业存在违法失信行为的，立即取消企业参与守信联合激励资格并及时通报各单位，停止企业适用的守信联合激励措施。各单位在日常监管中，发现企业存在违法失信行为，应及时通过全国信用信息共享平台，反馈国家发展改革委和海关总署，提供有关情况并建议停止企业适用的守信联合激励措施。全国信用信息共享平台将高级认证企业名单与其他领域失信企业名单进行交叉比对，确定将未纳入其他任何领域失信企业名单的海关高级认证企业确定为联合激励对象。

四、激励措施、共享内容及实施单位

（一）适用海关通关支持措施

1. 在确定进出口货物的商品归类、海关估价、原产地或者办结其他海关手续前先行办理验放手续。

2. 适用较低进出口货物查验率。

3. 简化进出口货物单证审核流程。

4. 优先办理进出口货物通关手续。

5. 海关为企业设立协调员。

6. 对从事加工贸易的企业,不实行银行保证金台账制度。

7. 适用汇总征税管理措施。

8. 根据国际协议规定,适用原产地自主声明措施。

9. AEO互认国家或者地区海关提供的通关便利措施。

10. 海关给予适用的其他便利管理措施。

实施单位:海关总署

(二)发展改革部门支持措施

1. 建立行政审批绿色通道,根据实际情况实施"容缺受理"等便利服务,部分申报材料(法律法规要求提供的材料除外)不齐备的,如行政相对人书面承诺在规定期限内提供,可先行受理,加快办理进度。

2. 在专项建设基金项目申报筛选中,同等条件下予以优先考虑。

3. 企业债发行过程中,鼓励发行人披露海关认证信息,增强发行人的市场认可度,降低企业融资成本。

4. 在粮食、棉花等进出口配额分配中,可以将申请人信用状况与获得配额难易程度或配额数量挂钩,对于海关高级认证企业给予一定激励措施。

5. 在电力直接交易中,对于交易主体为海关高级认证企业的,同等条件下优先考虑。

6. 在企业境外发债备案管理中,同等条件下加快办理进度,适时选择海关高级认证企业开展年度发债额度一次核定、分期分批发行试点。

7. 在政府投资项目招标中,招标人确需投标人提交进出口证明的,可以简化进出口证明等相关手续。

8. 重大项目稽查中,对于中央预算内投资项目专项稽查过程中,可适当减少抽查比例。

9. 支持地方发展改革部门在法律法规和自身职权范围内,采取更多的激励措施。

实施单位：国家发展改革委

(三) 给予商务事项审批支持

办理生产能力、货物内销、《最终用户和最终用途说明》等审批事项时，给予优先处理的便利政策，缩减办证的时间。

实施单位：商务部

(四) 金融部门授信融资参考

1. 作为银行等金融机构授信融资贷款的重要参考条件，优先给予免担保贷款。

2. 办理授信贷款等业务时提供绿色通道。

3. 作为优良信用记录记入金融信用信息基础数据库。

实施单位：人民银行、银监会

(五) 给予证券、保险领域政策支持

1. 审批证券、基金管理公司、期货公司及保险公司设立、变更、从事相关业务等行为时，将企业信用信息作为重要参考，给予一定便利。

2. 在保险中介机构的设立等方面提供便利化措施。

落实单位：证监会、保监会

(六) 给予政府采购及财政资金使用支持

1. 给予政府采购活动便利和优惠，将海关高级认证企业列入政府集中采购招标的评审指标，参照财务状况指标给予适当分值，或对海关高级认证企业信用予以加分。

2. 取得政府资金支持给予便利和优惠。

3. 不属于出口退税审核关注信息中关注企业级别为一至三级的自营出口企业，适用启运港退税政策。

实施单位：财政部

(七) 给予增值电信业务支持

申请增值电信业务给予便利和优惠。

实施单位：工业和信息化部

(八) 给予社会保障领域政策支持

在办理社会保险业务时可享受企业绿色通道,实施快捷服务。

实施单位:人力资源和社会保障部

(九)给予土地使用和管理支持

供应土地时给予必要便利和优惠。

实施单位:国土资源部

(十)给予环境保护许可事项支持

1. 办理环境影响评价文件审批等环境保护许可事项,在同等条件下予以优先办理。

2. 日常监管中,在无举报情况下,适当减少监管频次。

实施单位:环境保护部

(十一)给予税收管理支持

1. 除专项、专案检查等外,可免除税务检查。

2. 一般纳税人可单次领取3个月的增值税发票用量,需要调整增值税发票用量时即时办理。

3. 普通发票按需领用。

4. 由税务机关提供绿色通道或专门人员帮助办理涉税事项。

5. 海关高级认证企业可评为出口企业管理一类企业,享受以下管理措施:

(1)国税机关受理出口退(免)税正式申报后,经核对申报信息齐全无误的,即可办理出口退(免)税。

(2)在国家下达的出口退税计划内,可优先安排该类企业办理出口退税。

(3)国税机关可向该类企业提供绿色办税通道(特约服务区),并建立重点联系制度,指定专人负责并定期联系企业。

6. 增值税一般纳税人取消增值税发票认证。

实施单位:税务总局

(十二)给予工商管理支持

1. 优先提供有关合同法律法规方面的咨询、培训、宣传和受理调节合同纠纷。

2. 给予国内市场产品免检或降低抽检比例。

3. 在办理企业变更登记、行政许可、动产抵押登记,实行绿色通道,及时优先受理,缩短办理时间。

实施单位:工商总局

(十三) 给予一定的检验检疫管理支持

1. 适用较低的商检查验率。

2. 优先安排查验放行。

3. 优先安排免办 CCC 认证货物担保放行以及后续销毁核销等。

4. 办理目录外 3C 和 3C 证书时,予以优先处理。

5. 非法检货物可申请免除查验或担保放行。

实施单位:质检总局

(十四) 给予安全生产管理支持

在海关高级认证企业提出申请后,第一时间深入企业现场办公,帮助解决有关问题,依法对企业发展提供法律和政策支持。

实施单位:安全监管总局

(十五) 给予食品药品管理支持

办理食品药品生产经营审批事项时提供绿色通道。

落实部门:食药监局

(十六) 给予外汇管理支持

1. 简化监管流程,对不同收汇方式区别对待。

2. 延长降级考查期,取消报关单正本收汇入账。

实施单位:外汇局

(十七) 优先给予先进荣誉

1. 在文明城市、文明单位评比中予以优先考虑。

2. 在评选"全国三八红旗手"时予以优先考虑。

3. 在评选劳动模范、五一劳动奖章时予以优先考虑。

实施单位:中央文明办、全国妇联、全国总工会

(十八) 给予促进外贸投资支持

1. 在举办和组织企业参加经贸展览会、论坛、洽谈会及有关国际会议时给予优先考虑。

2. 在法律顾问、商事调解、经贸和海事仲裁等方面优先提供咨询和支持。

3. 优先提供专利申请、商标注册、诉讼维权等知识产权方面服务。

实施单位：贸促会

（十九）其他激励措施

1. 对海关高级认证企业给予重点支持，出台优惠政策、便利化服务措施时，优先选择试点。

2. 作为各部门在本行业、本领域内向企业和个人颁发荣誉证书、嘉奖和表彰等荣誉性称号的重要参考，优先给予奖励和表彰。

实施单位：各有关部门

五、其他事宜

各部门应密切协作，积极落实本备忘录，制定实施细则和操作流程，确保 2016 年 8 月底前实现海关高级认证企业信息推送、共享和联合激励。

本备忘录签署后，各部门、各领域内相关法律法规修改或调整，与本备忘录不一致的，以法律法规为准。实施过程中具体操作问题，由各部门另行协商明确。

附录四

社会信用体系建设规划纲要

(2014—2020年)

社会信用体系是社会主义市场经济体制和社会治理体制的重要组成部分。它以法律、法规、标准和契约为依据,以健全覆盖社会成员的信用记录和信用基础设施网络为基础,以信用信息合规应用和信用服务体系为支撑,以树立诚信文化理念、弘扬诚信传统美德为内在要求,以守信激励和失信约束为奖惩机制,目的是提高全社会的诚信意识和信用水平。

加快社会信用体系建设是全面落实科学发展观、构建社会主义和谐社会的重要基础,是完善社会主义市场经济体制、加强和创新社会治理的重要手段,对增强社会成员诚信意识,营造优良信用环境,提升国家整体竞争力,促进社会发展与文明进步具有重要意义。

根据党的十八大提出的"加强政务诚信、商务诚信、社会诚信和司法公信建设",党的十八届三中全会提出的"建立健全社会征信体系,褒扬诚信,惩戒失信",《中共中央 国务院关于加强和创新社会管理的意见》提出的"建立健全社会诚信制度",以及《中华人民共和国国民经济和社会发展第十二个五年规划纲要》(以下简称"十二五"规划纲要)提出的"加快社会信用体系建设"的总体要求,制定本规划纲要。规划期为2014—2020年。

一、社会信用体系建设总体思路

(一)发展现状。

党中央、国务院高度重视社会信用体系建设。有关地区、部门和单位探索推进,社会信用体系建设取得积极进展。国务院建立社会信用体系建设部际联席会议制度统筹推进信用体系建设,公布实施《征信业管理条例》,一批信用体系建设的规章和标准相继出台。全国集中统一的金融信用信息基础数据库建成,小微企业和农村信用体系建设积极推进;各部门推动信用信息公开,开展行业信用评价,实施信用分类监管;各行业积极开展诚信宣传教育和诚信自律活动;各地区探索建立综合性信用信息共享平台,促进本地区各部门、各单位的信用信息整合应用;社会对信用服务产品的需求日益上升,信用服务市场规模不断扩大。

我国社会信用体系建设虽然取得一定进展,但与经济发展水平和社会发展阶段不匹配、不协调、不适应的矛盾仍然突出。存在的主要问题包括:覆盖全社会的征信系统尚未形成,社会成员信用记录严重缺失,守信激励和失信惩戒机制尚不健全,守信激励不足,失信成本偏低;信用服务市场不发达,服务体系不成熟,服务行为不规范,服务机构公信力不足,信用信息主体权益保护机制缺失;社会诚信意识和信用水平偏低,履约践诺、诚实守信的社会氛围尚未形成,重特大生产安全事故、食品药品安全事件时有发生,商业欺诈、制假售假、偷逃骗税、虚报冒领、学术不端等现象屡禁不止,政务诚信度、司法公信度离人民群众的期待还有一定差距等。

(二) 形势和要求。

我国正处于深化经济体制改革和完善社会主义市场经济体制的攻坚期。现代市场经济是信用经济,建立健全社会信用体系,是整顿和规范市场经济秩序、改善市场信用环境、降低交易成本、防范经济风险的重要举措,是减少政府对经济的行政干预、完善社会主义市场经济体制的迫切要求。

我国正处于加快转变发展方式、实现科学发展的战略机遇期。加快推进社会信用体系建设,是促进资源优化配置、扩大内需、促进产业结构优化升级的重要前提,是完善科学发展机制的迫切要求。

我国正处于经济社会转型的关键期。利益主体更加多元化,各种社会矛盾凸显,社会组织形式及管理方式也在发生深刻变化。全面推进社会信用体系建设,是增强社会诚信、促进社会互信、减少社会矛盾的有效手段,是加强和创新社会治理、构建社会主义和谐社会的迫切要求。

我国正处于在更大范围、更宽领域、更深层次上提高开放型经济水平的拓展期。经济全球化使我国对外开放程度不断提高,与其他国家和地区的经济社会交流更加密切。完善社会信用体系,是深化国际合作与交往,树立国际品牌和声誉,降低对外交易成本,提升国家软实力和国际影响力的必要条件,是推动建立客观、公正、合理、平衡的国际信用评级体系,适应全球化新形势,驾驭全球化新格局的迫切要求。

(三)指导思想和目标原则。

全面推动社会信用体系建设,必须坚持以邓小平理论、"三个代表"重要思想、科学发展观为指导,按照党的十八大、十八届三中全会和"十二五"规划纲要精神,以健全信用法律法规和标准体系、形成覆盖全社会的征信系统为基础,以推进政务诚信、商务诚信、社会诚信和司法公信建设为主要内容,以推进诚信文化建设、建立守信激励和失信惩戒机制为重点,以推进行业信用建设、地方信用建设和信用服务市场发展为支撑,以提高全社会诚信意识和信用水平、改善经济社会运行环境为目的,以人为本,在全社会广泛形成守信光荣、失信可耻的浓厚氛围,使诚实守信成为全民的自觉行为规范。

社会信用体系建设的主要目标是:到2020年,社会信用基础性法律法规和标准体系基本建立,以信用信息资源共享为基础的覆盖全社会的征信系统基本建成,信用监管体制基本健全,信用服务市场体系比较完善,守信激励和失信惩戒机制全面发挥作用。政务诚信、商务诚信、社会诚信和司法公信建设取得明显进展,市场和社会满意度大幅提高。全社会诚信意识普遍增强,经济社会发展信用环境明显改善,经济社会秩序显著好转。

社会信用体系建设的主要原则是:

政府推动,社会共建。充分发挥政府的组织、引导、推动和示范作用。政府负责制定实施发展规划,健全法规和标准,培育和监管信用服务市场。注重发挥市场机制作用,协调并优化资源配置,鼓励和调动社会力量,广泛参与,共同推进,形成社会信用体系建设合力。

健全法制,规范发展。逐步建立健全信用法律法规体系和信用标准体系,加强信用信息管理,规范信用服务体系发展,维护信用信息安全和信息主体权益。

统筹规划,分步实施。针对社会信用体系建设的长期性、系统性和复杂性,强化顶层设计,立足当前,着眼长远,统筹全局,系统规划,有计划、分步骤地组织实施。

重点突破,强化应用。选择重点领域和典型地区开展信用建设示范。积极推广信用产品的社会化应用,促进信用信息互联互通、协同共享,健全社会信用奖惩联动机制,营造诚实、自律、守信、互信的社会信用环境。

二、推进重点领域诚信建设

(一) 加快推进政务诚信建设。

政务诚信是社会信用体系建设的关键,各类政务行为主体的诚信水平,对其他社会主体诚信建设发挥着重要的表率和导向作用。

坚持依法行政。将依法行政贯穿于决策、执行、监督和服务的全过程,全面推进政务公开,在保护国家信息安全、商业秘密和个人隐私的前提下,依法公开在行政管理中掌握的信用信息,建立有效的信息共享机制。切实提高政府工作效率和服务水平,转变政府职能。健全权力运行制约和监督体系,确保决策权、执行权、监督权既相互制约又相互协调。完善政府决策机制和程序,提高决策透明度。进一步推广重大决策事项公示和听证制度,拓宽公众参与政府决策的渠道,加强对权力运行的社会监督和约束,提升政府公信力,树立政府公开、公平、清廉的诚信形象。

发挥政府诚信建设示范作用。各级人民政府首先要加强自身诚信建设,以政府的诚信施政,带动全社会诚信意识的树立和诚信水平的提高。在行政许可、政府采购、招标投标、劳动就业、社会保障、科研管理、干部选拔任用和管理监督、申请政府资金支持等领域,率先使用信用信息和信用产品,培育信用服务市场发展。

加快政府守信践诺机制建设。严格履行政府向社会作出的承诺,把政务履约和守诺服务纳入政府绩效评价体系,把发展规划和政府工作报告关于经济社会发展目标落实情况以及为百姓办实事的践诺情况作为评价政府诚信水平的重要内容,推动各地区、各部门逐步建立健全政务和行政承诺考核制度。各级人民政府对依法作出的政策承诺和签订的各类合同要认真履约和兑现。要积极营造公平竞争、统一高效的市场环境,不得施行地方保护主义措施,如滥用行政权力封锁市场、包庇纵容行政区域内社会主体的违法违规和失信行为等。要支持统计部门依法统计、真实统计。政府举债要依法依规、规模适度、风险可控、程序透明。政府收支必须强化预算约束,提高透明度。加强和完善群众监督和舆论监督机制。完善政务诚信约束和问责机制。各级人民政府要自觉接受本级人大的法律监督和政协的民主监督。加大监察、审计等部门对行政行为的监督和审计力度。

加强公务员诚信管理和教育。建立公务员诚信档案,依法依规将公务员个人有关事项报告、廉政记录、年度考核结果、相关违法违纪违约行为等信用信息纳入档案,将公务员诚信记录作为干部考核、任用和奖惩的重要依据。深入开展公务员诚信、守法和道德教育,加强法律知识和信用知识学习,编制公务员诚信手册,增强公务员法律和诚信意识,建立一支守法守信、高效廉洁的公务员队伍。

(二)深入推进商务诚信建设。

提高商务诚信水平是社会信用体系建设的重点,是商务关系有效维护、商务运行成本有效降低、营商环境有效改善的基本条件,是各类商务主体可持续发展的生存之本,也是各类经济活动高效开展的基础保障。

生产领域信用建设。建立安全生产信用公告制度,完善安全生产承诺和安全生产不良信用记录及安全生产失信行为惩戒制度。

以煤矿、非煤矿山、危险化学品、烟花爆竹、特种设备生产企业以及民用爆炸物品生产、销售企业和爆破企业或单位为重点,健全安全生产准入和退出信用审核机制,促进企业落实安全生产主体责任。以食品、药品、日用消费品、农产品和农业投入品为重点,加强各类生产经营主体生产和加工环节的信用管理,建立产品质量信用信息异地和部门间共享制度。推动建立质量信用征信系统,加快完善12365产品质量投诉举报咨询服务平台,建立质量诚信报告、失信黑名单披露、市场禁入和退出制度。

流通领域信用建设。研究制定商贸流通领域企业信用信息征集共享制度,完善商贸流通企业信用评价基本规则和指标体系。推进批发零售、商贸物流、住宿餐饮及居民服务行业信用建设,开展企业信用分类管理。完善零售商与供应商信用合作模式。强化反垄断与反不正当竞争执法,加大对市场混淆行为、虚假宣传、商业欺诈、商业诋毁、商业贿赂等违法行为的查处力度,对典型案件、重大案件予以曝光,增加企业失信成本,促进诚信经营和公平竞争。逐步建立以商品条形码等标识为基础的全国商品流通追溯体系。加强检验检疫质量诚信体系建设。支持商贸服务企业信用融资,发展商业保理,规范预付消费行为。鼓励企业扩大信用销售,促进个人信用消费。推进对外经济贸易信用建设,进一步加强对外贸易、对外援助、对外投资合作等领域的信用信息管理、信用风险监测预警和企业信用等级分类管理。借助电子口岸管理平台,建立完善进出口企业信用评价体系、信用分类管理和联合监管制度。

金融领域信用建设。创新金融信用产品,改善金融服务,维护金融消费者个人信息安全,保护金融消费者合法权益。加大对金融欺诈、恶意逃废银行债务、内幕交易、制售假保单、骗保骗赔、披露虚假信息、非法集资、逃套骗汇等金融失信行为的惩戒力度,规范金融市场秩序。加强金融信用信息基础设施建设,进一步扩大信用记录的覆盖面,强化金融业对守信者的激励作用和对失信者的约束作用。

税务领域信用建设。建立跨部门信用信息共享机制。开展纳税人基础信息、各类交易信息、财产保有和转让信息以及纳税记录等涉税信息的交换、比对和应用工作。进一步完善纳税信用等级评定和发布制度，加强税务领域信用分类管理，发挥信用评定差异对纳税人的奖惩作用。建立税收违法黑名单制度。推进纳税信用与其他社会信用联动管理，提升纳税人税法遵从度。

价格领域信用建设。指导企业和经营者加强价格自律，规范和引导经营者价格行为，实行经营者明码标价和收费公示制度，着力推行"明码实价"。督促经营者加强内部价格管理，根据经营者条件建立健全内部价格管理制度。完善经营者价格诚信制度，做好信息披露工作，推动实施奖惩制度。强化价格执法检查与反垄断执法，依法查处捏造和散布涨价信息、价格欺诈、价格垄断等价格失信行为，对典型案例予以公开曝光，规范市场价格秩序。

工程建设领域信用建设。推进工程建设市场信用体系建设。加快工程建设市场信用法规制度建设，制定工程建设市场各方主体和从业人员信用标准。推进工程建设领域项目信息公开和诚信体系建设，依托政府网站，全面设立项目信息和信用信息公开共享专栏，集中公开工程建设项目信息和信用信息，推动建设全国性的综合检索平台，实现工程建设项目信息和信用信息公开共享的"一站式"综合检索服务。深入开展工程质量诚信建设。完善工程建设市场准入退出制度，加大对发生重大工程质量、安全责任事故或有其他重大失信行为的企业及负有责任的从业人员的惩戒力度。建立企业和从业人员信用评价结果与资质审批、执业资格注册、资质资格取消等审批审核事项的关联管理机制。建立科学、有效的建设领域从业人员信用评价机制和失信责任追溯制度，将肢解发包、转包、违法分包、拖欠工程款和农民工工资等列入失信责任追究范围。

政府采购领域信用建设。加强政府采购信用管理，强化联动惩戒，保护政府采购当事人的合法权益。制定供应商、评审专家、政府采购代理机构以及相关从业人员的信用记录标准。依法建立政府采购供应商不良行为记录名单,对列入不良行为记录名单的供应商,在一定期限内禁止参加政府采购活动。完善政府采购市场的准入和退出机制,充分利用工商、税务、金融、检察等其他部门提供的信用信息,加强对政府采购当事人和相关人员的信用管理。加快建设全国统一的政府采购管理交易系统,提高政府采购活动透明度,实现信用信息的统一发布和共享。

招标投标领域信用建设。扩大招标投标信用信息公开和共享范围,建立涵盖招标投标情况的信用评价指标和评价标准体系,健全招标投标信用信息公开和共享制度。进一步贯彻落实招标投标违法行为记录公告制度,推动完善奖惩联动机制。依托电子招标投标系统及其公共服务平台,实现招标投标和合同履行等信用信息的互联互通、实时交换和整合共享。鼓励市场主体运用基本信用信息和第三方信用评价结果,并将其作为投标人资格审查、评标、定标和合同签订的重要依据。

交通运输领域信用建设。形成部门规章制度和地方性法规、地方政府规章相结合的交通运输信用法规体系。完善信用考核标准,实施分类考核监管。针对公路、铁路、水路、民航、管道等运输市场不同经营门类分别制定考核指标,加强信用考核评价监督管理,积极引导第三方机构参与信用考核评价,逐步建立交通运输管理机构与社会信用评价机构相结合,具有监督、申诉和复核机制的综合考核评价体系。将各类交通运输违法行为列入失信记录。鼓励和支持各单位在采购交通运输服务、招标投标、人员招聘等方面优先选择信用考核等级高的交通运输企业和从业人员。对失信企业和从业人员,要加强监管和惩戒,逐步建立跨地区、跨行业信用奖惩联动机制。

电子商务领域信用建设。建立健全电子商务企业客户信用管理和交易信用评估制度,加强电子商务企业自身开发和销售信用产品的质量监督。推行电子商务主体身份标识制度,完善网店实名制。加强网店产品质量检查,严厉查处电子商务领域制假售假、传销活动、虚假广告、以次充好、服务违约等欺诈行为。打击内外勾结、伪造流量和商业信誉的行为,对失信主体建立行业限期禁入制度。促进电子商务信用信息与社会其他领域相关信息的交换和共享,推动电子商务与线下交易信用评价。完善电子商务信用服务保障制度,推动信用调查、信用评估、信用担保、信用保险、信用支付、商账管理等第三方信用服务和产品在电子商务中的推广应用。开展电子商务网站可信认证服务工作,推广应用网站可信标识,为电子商务用户识别假冒、钓鱼网站提供手段。

统计领域信用建设。开展企业诚信统计承诺活动,营造诚实报数光荣、失信造假可耻的良好风气。完善统计诚信评价标准体系。建立健全企业统计诚信评价制度和统计从业人员诚信档案。加强执法检查,严厉查处统计领域的弄虚作假行为,建立统计失信行为通报和公开曝光制度。加大对统计失信企业的联合惩戒力度。将统计失信企业名单档案及其违法违规信息纳入金融、工商等行业和部门信用信息系统,将统计信用记录与企业融资、政府补贴、工商注册登记等直接挂钩,切实强化对统计失信行为的惩戒和制约。

中介服务业信用建设。建立完善中介服务机构及其从业人员的信用记录和披露制度,并作为市场行政执法部门实施信用分类管理的重要依据。重点加强公证仲裁类、律师类、会计类、担保类、鉴证类、检验检测类、评估类、认证类、代理类、经纪类、职业介绍类、咨询类、交易类等机构信用分类管理,探索建立科学合理的评估指标体系、评估制度和工作机制。

会展、广告领域信用建设。推动展会主办机构诚信办展,践行诚信服务公约,建立信用档案和违法违规单位信息披露制度,推广信用服务和产品的应用。加强广告业诚信建设,建立健全广告业信用分类管理制度,打击各类虚假广告,突出广告制作、传播环节各参与者责任,完善广告活动主体失信惩戒机制和严重失信淘汰机制。

企业诚信管理制度建设。开展各行业企业诚信承诺活动,加大诚信企业示范宣传和典型失信案件曝光力度,引导企业增强社会责任感,在生产经营、财务管理和劳动用工管理等各环节中强化信用自律,改善商务信用生态环境。鼓励企业建立客户档案、开展客户诚信评价,将客户诚信交易记录纳入应收账款管理、信用销售授信额度计量,建立科学的企业信用管理流程,防范信用风险,提升企业综合竞争力。强化企业在发债、借款、担保等债权债务信用交易及生产经营活动中诚信履约。鼓励和支持有条件的企业设立信用管理师。鼓励企业建立内部职工诚信考核与评价制度。加强供水、供电、供热、燃气、电信、铁路、航空等关系人民群众日常生活行业企业的自身信用建设。

(三)全面推进社会诚信建设。

社会诚信是社会信用体系建设的基础,社会成员之间只有以诚相待、以信为本,才会形成和谐友爱的人际关系,才能促进社会文明进步,实现社会和谐稳定和长治久安。

医药卫生和计划生育领域信用建设。加强医疗卫生机构信用管理和行业诚信作风建设。树立大医精诚的价值理念,坚持仁心仁术的执业操守。培育诚信执业、诚信采购、诚信诊疗、诚信收费、诚信医保理念,坚持合理检查、合理用药、合理治疗、合理收费等诚信医疗服务准则,全面建立药品价格、医疗服务价格公示制度,开展诚信医院、诚信药店创建活动,制定医疗机构和执业医师、药师、护士等医务人员信用评价指标标准,推进医院评审评价和医师定期考核,开展医务人员医德综合评价,惩戒收受贿赂、过度诊疗等违法和失信行为,建立诚信医疗服务体系。加快完善药品安全领域信用制度,建立药品研发、生产和流通企业信用档案。积极开展以"诚信至上,以质取胜"为主题的药品安全诚信承诺活动,切实提高药品安全信用监管水平,严厉打击制假贩假行为,保障人民群众用药安全有效。加强人口计生领域信用建设,开展人口和计划生育信用信息共享工作。

社会保障领域信用建设。在救灾、救助、养老、社会保险、慈善、彩票等方面,建立全面的诚信制度,打击各类诈捐骗捐等失信行为。

建立健全社会救助、保障性住房等民生政策实施中的申请、审核、退出等各环节的诚信制度,加强对申请相关民生政策的条件审核,强化对社会救助动态管理及保障房使用的监管,将失信和违规的个人纳入信用黑名单。构建居民家庭经济状况核对信息系统,建立和完善低收入家庭认定机制,确保社会救助、保障性住房等民生政策公平、公正和健康运行。建立健全社会保险诚信管理制度,加强社会保险经办管理,加强社会保险领域的劳动保障监督执法,规范参保缴费行为,加大对医保定点医院、定点药店、工伤保险协议医疗机构等社会保险协议服务机构及其工作人员、各类参保人员的违规、欺诈、骗保等行为的惩戒力度,防止和打击各种骗保行为。进一步完善社会保险基金管理制度,提高基金征收、管理、支付等各环节的透明度,推动社会保险诚信制度建设,规范参保缴费行为,确保社会保险基金的安全运行。

劳动用工领域信用建设。进一步落实和完善企业劳动保障守法诚信制度,制定重大劳动保障违法行为社会公示办法。建立用人单位拖欠工资违法行为公示制度,健全用人单位劳动保障诚信等级评价办法。规范用工行为,加强对劳动合同履行和仲裁的管理,推动企业积极开展和谐劳动关系创建活动。加强劳动保障监督执法,加大对违法行为的打击力度。加强人力资源市场诚信建设,规范职业中介行为,打击各种黑中介、黑用工等违法失信行为。

教育、科研领域信用建设。加强教师和科研人员诚信教育。开展教师诚信承诺活动,自觉接受广大学生、家长和社会各界的监督。发挥教师诚信执教、为人师表的影响作用。加强学生诚信教育,培养诚实守信良好习惯,为提高全民族诚信素质奠定基础。探索建立教育机构及其从业人员、教师和学生、科研机构和科技社团及科研人员的信用评价制度,将信用评价与考试招生、学籍管理、学历学位授予、科研项目立项、专业技术职务评聘、岗位聘用、评选表彰等挂钩,努力解决学历造假、论文抄袭、学术不端、考试招生作弊等问题。

文化、体育、旅游领域信用建设。依托全国文化市场技术监管与公共服务平台，建立健全娱乐、演出、艺术品、网络文化等领域文化企业主体、从业人员以及文化产品的信用信息数据库；依法制定文化市场诚信管理措施，加强文化市场动态监管。制定职业体育从业人员诚信从业准则，建立职业体育从业人员、职业体育俱乐部和中介企业信用等级的第三方评估制度，推进相关信用信息记录和信用评级在参加或举办职业体育赛事、职业体育准入、转会等方面广泛运用。制定旅游从业人员诚信服务准则，建立旅游业消费者意见反馈和投诉记录与公开制度，建立旅行社、旅游景区和宾馆饭店信用等级第三方评估制度。

知识产权领域信用建设。建立健全知识产权诚信管理制度，出台知识产权保护信用评价办法。重点打击侵犯知识产权和制售假冒伪劣商品行为，将知识产权侵权行为信息纳入失信记录，强化对盗版侵权等知识产权侵权失信行为的联合惩戒，提升全社会的知识产权保护意识。开展知识产权服务机构信用建设，探索建立各类知识产权服务标准化体系和诚信评价制度。

环境保护和能源节约领域信用建设。推进国家环境监测、信息与统计能力建设，加强环保信用数据的采集和整理，实现环境保护工作业务协同和信息共享，完善环境信息公开目录。建立环境管理、监测信息公开制度。完善环评文件责任追究机制，建立环评机构及其从业人员、评估专家诚信档案数据库，强化对环评机构及其从业人员、评估专家的信用考核分类监管。建立企业对所排放污染物开展自行监测并公布污染物排放情况以及突发环境事件发生和处理情况制度。建立企业环境行为信用评价制度，定期发布评价结果，并组织开展动态分类管理，根据企业的信用等级予以相应的鼓励、警示或惩戒。完善企业环境行为信用信息共享机制，加强与银行、证券、保险、商务等部门的联动。加强国家能源利用数据统计、分析与信息上报能力建设。加强重点用能单位节能目标责任考核，定期公布考核结果，研究建立重点用能单位信用评价机制。强化对能源审计、节能评估和审查机构及其从业人员的信用评级和监管。研究开展节能服务公司信用评价工作，并逐步向全社会定期发布信用评级结果。加强对环资项目评审专家从业情况的信用考核管理。

社会组织诚信建设。依托法人单位信息资源库，加快完善社会组织登记管理信息。健全社会组织信息公开制度，引导社会组织提升运作的公开性和透明度，规范社会组织信息公开行为。把诚信建设内容纳入各类社会组织章程，强化社会组织诚信自律，提高社会组织公信力。发挥行业协会（商会）在行业信用建设中的作用，加强会员诚信宣传教育和培训。

自然人信用建设。突出自然人信用建设在社会信用体系建设中的基础性作用，依托国家人口信息资源库，建立完善自然人在经济社会活动中的信用记录，实现全国范围内自然人信用记录全覆盖。加强重点人群职业信用建设，建立公务员、企业法定代表人、律师、会计从业人员、注册会计师、统计从业人员、注册税务师、审计师、评估师、认证和检验检测从业人员、证券期货从业人员、上市公司高管人员、保险经纪人、医务人员、教师、科研人员、专利服务从业人员、项目经理、新闻媒体从业人员、导游、执业兽医等人员信用记录，推广使用职业信用报告，引导职业道德建设与行为规范。

互联网应用及服务领域信用建设。大力推进网络诚信建设，培育依法办网、诚信用网理念，逐步落实网络实名制，完善网络信用建设的法律保障，大力推进网络信用监管机制建设。建立网络信用评价体系，对互联网企业的服务经营行为、上网人员的网上行为进行信用评估，记录信用等级。建立涵盖互联网企业、上网个人的网络信用档案，积极推进建立网络信用信息与社会其他领域相关信用信息的交换共享机制，大力推动网络信用信息在社会各领域推广应用。建立网络信用黑名单制度，将实施网络欺诈、造谣传谣、侵害他人合法权益等严重网络失信行为的企业、个人列入黑名单，对列入黑名单的主体采取网上行为限制、行业禁入等措施，通报相关部门并进行公开曝光。

（四）大力推进司法公信建设。

司法公信是社会信用体系建设的重要内容，是树立司法权威的前提，是社会公平正义的底线。

法院公信建设。提升司法审判信息化水平，实现覆盖审判工作全过程的全国四级法院审判信息互联互通。推进强制执行案件信息公开，完善执行联动机制，提高生效法律文书执行率。发挥审判职能作用，鼓励诚信交易、倡导互信合作，制裁商业欺诈和恣意违约毁约等失信行为，引导诚实守信风尚。

检察公信建设。进一步深化检务公开，创新检务公开的手段和途径，广泛听取群众意见，保障人民群众对检察工作的知情权、参与权、表达权和监督权。继续推行"阳光办案"，严格管理制度，强化内外部监督，建立健全专项检查、同步监督、责任追究机制。充分发挥法律监督职能作用，加大查办和预防职务犯罪力度，促进诚信建设。完善行贿犯罪档案查询制度，规范和加强查询工作管理，建立健全行贿犯罪档案查询与应用的社会联动机制。

公共安全领域公信建设。全面推行"阳光执法"，依法及时公开执法办案的制度规范、程序时限等信息，对于办案进展等不宜向社会公开，但涉及特定权利义务、需要特定对象知悉的信息，应当告知特定对象，或者为特定对象提供查询服务。进一步加强人口信息同各地区、各部门信息资源的交换和共享，完善国家人口信息资源库建设。将公民交通安全违法情况纳入诚信档案，促进全社会成员提高交通安全意识。定期向社会公开火灾高危单位消防安全评估结果，并作为单位信用等级的重要参考依据。将社会单位遵守消防安全法律法规情况纳入诚信管理，强化社会单位消防安全主体责任。

司法行政系统公信建设。进一步提高监狱、戒毒场所、社区矫正机构管理的规范化、制度化水平，维护服刑人员、戒毒人员、社区矫正人员合法权益。大力推进司法行政信息公开，进一步规范和创新律师、公证、基层法律服务、法律援助、司法考试、司法鉴定等信息管理和披露手段，保障人民群众的知情权。

司法执法和从业人员信用建设。建立各级公安、司法行政等工作人员信用档案,依法依规将徇私枉法以及不作为等不良记录纳入档案,并作为考核评价和奖惩依据。推进律师、公证员、基层法律服务工作者、法律援助人员、司法鉴定人员等诚信规范执业。建立司法从业人员诚信承诺制度。

健全促进司法公信的制度基础。深化司法体制和工作机制改革,推进执法规范化建设,严密执法程序,坚持有法必依、违法必究和法律面前人人平等,提高司法工作的科学化、制度化和规范化水平。充分发挥人大、政协和社会公众对司法工作的监督作用,完善司法机关之间的相互监督制约机制,强化司法机关的内部监督,实现以监督促公平、促公正、促公信。

三、加强诚信教育与诚信文化建设

诚信教育与诚信文化建设是引领社会成员诚信自律、提升社会成员道德素养的重要途径,是社会主义核心价值体系建设的重要内容。

(一)普及诚信教育。

以建设社会主义核心价值体系、培育和践行社会主义核心价值观为根本,将诚信教育贯穿公民道德建设和精神文明创建全过程。推进公民道德建设工程,加强社会公德、职业道德、家庭美德和个人品德教育,传承中华传统美德,弘扬时代新风,在全社会形成"以诚实守信为荣、以见利忘义为耻"的良好风尚。

在各级各类教育和培训中进一步充实诚信教育内容。大力开展信用宣传普及教育进机关、进企业、进学校、进社区、进村屯、进家庭活动。

建好用好道德讲堂,倡导爱国、敬业、诚信、友善等价值理念和道德规范。开展群众道德评议活动,对诚信缺失、不讲信用现象进行分析评议,引导人们诚实守信、遵德守礼。

(二)加强诚信文化建设。

弘扬诚信文化。以社会成员为对象,以诚信宣传为手段,以诚信教育为载体,大力倡导诚信道德规范,弘扬中华民族积极向善、诚实守信的传统文化和现代市场经济的契约精神,形成崇尚诚信、践行诚信的社会风尚。

树立诚信典型。充分发挥电视、广播、报纸、网络等媒体的宣传引导作用,结合道德模范评选和各行业诚信创建活动,树立社会诚信典范,使社会成员学有榜样、赶有目标,使诚实守信成为全社会的自觉追求。

深入开展诚信主题活动。有步骤、有重点地组织开展"诚信活动周"、"质量月"、"安全生产月"、"诚信兴商宣传月"、"3·5"学雷锋活动日、"3·15"国际消费者权益保护日、"6·14"信用记录关爱日、"12·4"全国法制宣传日等公益活动,突出诚信主题,营造诚信和谐的社会氛围。

大力开展重点行业领域诚信问题专项治理。深入开展道德领域突出问题专项教育和治理活动,针对诚信缺失问题突出、诚信建设需求迫切的行业领域开展专项治理,坚决纠正以权谋私、造假欺诈、见利忘义、损人利己的歪风邪气,树立行业诚信风尚。

(三)加快信用专业人才培养。

加强信用管理学科专业建设。把信用管理列为国家经济体制改革与社会治理发展急需的新兴、重点学科,支持有条件的高校设置信用管理专业或开设相关课程,在研究生培养中开设信用管理研究方向。开展信用理论、信用管理、信用技术、信用标准、信用政策等方面研究。

加强信用管理职业培训与专业考评。建立健全信用管理职业培训与专业考评制度。推广信用管理职业资格培训,培养信用管理专业化队伍。促进和加强信用从业人员、信用管理人员的交流与培训,为社会信用体系建设提供人力资源支撑。

四、加快推进信用信息系统建设和应用

健全社会成员信用记录是社会信用体系建设的基本要求。发挥行业、地方、市场的力量和作用,加快推进信用信息系统建设,完善信用信息的记录、整合和应用,是形成守信激励和失信惩戒机制的基础和前提。

（一）行业信用信息系统建设。

加强重点领域信用记录建设。以工商、纳税、价格、进出口、安全生产、产品质量、环境保护、食品药品、医疗卫生、知识产权、流通服务、工程建设、电子商务、交通运输、合同履约、人力资源和社会保障、教育科研等领域为重点，完善行业信用记录和从业人员信用档案。

建立行业信用信息数据库。各部门要以数据标准化和应用标准化为原则，依托国家各项重大信息化工程，整合行业内的信用信息资源，实现信用记录的电子化存储，加快建设信用信息系统，加快推进行业间信用信息互联互通。各行业分别负责本行业信用信息的组织与发布。

（二）地方信用信息系统建设。

加快推进政务信用信息整合。各地区要对本地区各部门、各单位履行公共管理职能过程中产生的信用信息进行记录、完善、整合，形成统一的信用信息共享平台，为企业、个人和社会征信机构等查询政务信用信息提供便利。

加强地区内信用信息的应用。各地区要制定政务信用信息公开目录，形成信息公开的监督机制。大力推进本地区各部门、各单位政务信用信息的交换与共享，在公共管理中加强信用信息应用，提高履职效率。

（三）征信系统建设。

加快征信系统建设。征信机构开展征信业务，应建立以企事业单位及其他社会组织、个人为对象的征信系统，依法采集、整理、保存、加工企事业单位及其他社会组织、个人的信用信息，并采取合理措施保障信用信息的准确性。各地区、各行业要支持征信机构建立征信系统。

对外提供专业化征信服务。征信机构要根据市场需求，对外提供专业化的征信服务，有序推进信用服务产品创新。建立健全并严格执行内部风险防范、避免利益冲突和保障信息安全的规章制度，依法向客户提供方便、快捷、高效的征信服务，进一步扩大信用报告在银行业、证券业、保险业及政府部门行政执法等多种领域中的应用。

（四）金融业统一征信平台建设。

完善金融信用信息基础数据库。继续推进金融信用信息基础数据库建设，提升数据质量，完善系统功能，加强系统安全运行管理，进一步扩大信用报告的覆盖范围，提升系统对外服务水平。

推动金融业统一征信平台建设。继续推动银行、证券、保险、外汇等金融管理部门之间信用信息系统的链接，推动金融业统一征信平台建设，推进金融监管部门信用信息的交换与共享。

（五）推进信用信息的交换与共享。

逐步推进政务信用信息的交换与共享。各地区、各行业要以需求为导向，在保护隐私、责任明确、数据及时准确的前提下，按照风险分散的原则，建立信用信息交换共享机制，统筹利用现有信用信息系统基础设施，依法推进各信用信息系统的互联互通和信用信息的交换共享，逐步形成覆盖全部信用主体、所有信用信息类别、全国所有区域的信用信息网络。各行业主管部门要对信用信息进行分类分级管理，确定查询权限，特殊查询需求特殊申请。

依法推进政务信用信息系统与征信系统间的信息交换与共享。发挥市场激励机制的作用，鼓励社会征信机构加强对已公开政务信用信息和非政务信用信息的整合，建立面向不同对象的征信服务产品体系，满足社会多层次、多样化和专业化的征信服务需求。

五、完善以奖惩制度为重点的社会信用体系运行机制

运行机制是保障社会信用体系各系统协调运行的制度基础。其中，守信激励和失信惩戒机制直接作用于各个社会主体信用行为，是社会信用体系运行的核心机制。

（一）构建守信激励和失信惩戒机制。

加强对守信主体的奖励和激励。加大对守信行为的表彰和宣传力度。按规定对诚信企业和模范个人给予表彰,通过新闻媒体广泛宣传,营造守信光荣的舆论氛围。发展改革、财政、金融、环境保护、住房城乡建设、交通运输、商务、工商、税务、质检、安全监管、海关、知识产权等部门,在市场监管和公共服务过程中,要深化信用信息和信用产品的应用,对诚实守信者实行优先办理、简化程序等"绿色通道"支持激励政策。

加强对失信主体的约束和惩戒。强化行政监管性约束和惩戒。在现有行政处罚措施的基础上,健全失信惩戒制度,建立各行业黑名单制度和市场退出机制。推动各级人民政府在市场监管和公共服务的市场准入、资质认定、行政审批、政策扶持等方面实施信用分类监管,结合监管对象的失信类别和程度,使失信者受到惩戒。逐步建立行政许可申请人信用承诺制度,并开展申请人信用审查,确保申请人在政府推荐的征信机构中有信用记录,配合征信机构开展信用信息采集工作。推动形成市场性约束和惩戒。制定信用基准性评价指标体系和评价方法,完善失信信息记录和披露制度,使失信者在市场交易中受到制约。推动形成行业性约束和惩戒。通过行业协会制定行业自律规则并监督会员遵守。对违规的失信者,按照情节轻重,对机构会员和个人会员实行警告、行业内通报批评、公开谴责等惩戒措施。推动形成社会性约束和惩戒。完善社会舆论监督机制,加强对失信行为的披露和曝光,发挥群众评议讨论、批评报道等作用,通过社会的道德谴责,形成社会震慑力,约束社会成员的失信行为。

建立失信行为有奖举报制度。切实落实对举报人的奖励,保护举报人的合法权益。

建立多部门、跨地区信用联合奖惩机制。通过信用信息交换共享,实现多部门、跨地区信用奖惩联动,使守信者处处受益、失信者寸步难行。

(二)建立健全信用法律法规和标准体系。

完善信用法律法规体系。推进信用立法工作,使信用信息征集、查询、应用、互联互通、信用信息安全和主体权益保护等有法可依。出台《征信业管理条例》相关配套制度和实施细则，建立异议处理、投诉办理和侵权责任追究制度。

推进行业、部门和地方信用制度建设。各地区、各部门分别根据本地区、相关行业信用体系建设的需要，制定地区或行业信用建设的规章制度，明确信用信息记录主体的责任，保证信用信息的客观、真实、准确和及时更新，完善信用信息共享公开制度，推动信用信息资源的有序开发利用。

建立信用信息分类管理制度。制定信用信息目录，明确信用信息分类，按照信用信息的属性，结合保护个人隐私和商业秘密，依法推进信用信息在采集、共享、使用、公开等环节的分类管理。加大对贩卖个人隐私和商业秘密行为的查处力度。

加快信用信息标准体系建设。制定全国统一的信用信息采集和分类管理标准，统一信用指标目录和建设规范。

建立统一社会信用代码制度。建立自然人、法人和其他组织统一社会信用代码制度。完善相关制度标准，推动在经济社会活动中广泛使用统一社会信用代码。

（三）培育和规范信用服务市场。

发展各类信用服务机构。逐步建立公共信用服务机构和社会信用服务机构互为补充、信用信息基础服务和增值服务相辅相成的多层次、全方位的信用服务组织体系。

推进并规范信用评级行业发展。培育发展本土评级机构，增强我国评级机构的国际影响力。规范发展信用评级市场，提高信用评级行业的整体公信力。探索创新双评级、再评级制度。鼓励我国评级机构参与国际竞争和制定国际标准，加强与其他国家信用评级机构的协调和合作。

推动信用服务产品广泛运用。拓展信用服务产品应用范围，加大信用服务产品在社会治理和市场交易中的应用。鼓励信用服务产品开发和创新，推动信用保险、信用担保、商业保理、履约担保、信用管理咨询及培训等信用服务业务发展。

建立政务信用信息有序开放制度。明确政务信用信息的开放分类和基本目录,有序扩大政务信用信息对社会的开放,优化信用调查、信用评级和信用管理等行业的发展环境。

完善信用服务市场监管体制。根据信用服务市场、机构业务的不同特点,依法实施分类监管,完善监管制度,明确监管职责,切实维护市场秩序。推动制定信用服务相关法律制度,建立信用服务机构准入与退出机制,实现从业资格认定的公开透明,进一步完善信用服务业务规范,促进信用服务业健康发展。

推动信用服务机构完善法人治理。强化信用服务机构内部控制,完善约束机制,提升信用服务质量。

加强信用服务机构自身信用建设。信用服务机构要确立行为准则,加强规范管理,提高服务质量,坚持公正性和独立性,提升公信力。鼓励各类信用服务机构设立首席信用监督官,加强自身信用管理。

加强信用服务行业自律。推动建立信用服务行业自律组织,在组织内建立信用服务机构和从业人员基本行为准则和业务规范,强化自律约束,全面提升信用服务机构诚信水平。

(四)保护信用信息主体权益。

健全信用信息主体权益保护机制。充分发挥行政监管、行业自律和社会监督在信用信息主体权益保护中的作用,综合运用法律、经济和行政等手段,切实保护信用信息主体权益。加强对信用信息主体的引导教育,不断增强其维护自身合法权益的意识。

建立自我纠错、主动自新的社会鼓励与关爱机制。以建立针对未成年人失信行为的教育机制为重点,通过对已悔过改正旧有轻微失信行为的社会成员予以适当保护,形成守信正向激励机制。

建立信用信息侵权责任追究机制。制定信用信息异议处理、投诉办理、诉讼管理制度及操作细则。进一步加大执法力度,对信用服务机构泄露国家秘密、商业秘密和侵犯个人隐私等违法行为,依法予以严厉处罚。通过各类媒体披露各种侵害信息主体权益的行为，强化社会监督作用。

（五）强化信用信息安全管理。

健全信用信息安全管理体制。完善信用信息保护和网络信任体系，建立健全信用信息安全监控体系。加大信用信息安全监督检查力度，开展信用信息安全风险评估，实行信用信息安全等级保护。开展信用信息系统安全认证，加强信用信息服务系统安全管理。建立和完善信用信息安全应急处理机制。加强信用信息安全基础设施建设。

加强信用服务机构信用信息安全内部管理。强化信用服务机构信息安全防护能力，加大安全保障、技术研发和资金投入，高起点、高标准建设信用信息安全保障系统。依法制定和实施信用信息采集、整理、加工、保存、使用等方面的规章制度。

六、建立实施支撑体系

（一）强化责任落实。

各地区、各部门要统一思想，按照本规划纲要总体要求，成立规划纲要推进小组，根据职责分工和工作实际，制定具体落实方案。

各地区、各部门要定期对本地区、相关行业社会信用体系建设情况进行总结和评估，及时发现问题并提出改进措施。

对社会信用体系建设成效突出的地区、部门和单位，按规定予以表彰。对推进不力、失信现象多发地区、部门和单位的负责人，按规定实施行政问责。

（二）加大政策支持。

各级人民政府要根据社会信用体系建设需要，将应由政府负担的经费纳入财政预算予以保障。加大对信用基础设施建设、重点领域创新示范工程等方面的资金支持。

鼓励各地区、各部门结合规划纲要部署和自身工作实际，在社会信用体系建设创新示范领域先行先试，并在政府投资、融资安排等方面给予支持。

(三)实施专项工程。

政务信息公开工程。深入贯彻实施《中华人民共和国政府信息公开条例》,按照主动公开、依申请公开进行分类管理,切实加大政务信息公开力度,树立公开、透明的政府形象。

农村信用体系建设工程。为农户、农场、农民合作社、休闲农业和农产品生产、加工企业等农村社会成员建立信用档案,夯实农村信用体系建设的基础。开展信用户、信用村、信用乡(镇)创建活动,深入推进青年信用示范户工作,发挥典型示范作用,使农民在参与中受到教育,得到实惠,在实践中提高信用意识。推进农产品生产、加工、流通企业和休闲农业等涉农企业信用建设。建立健全农民信用联保制度,推进和发展农业保险,完善农村信用担保体系。

小微企业信用体系建设工程。建立健全适合小微企业特点的信用记录和评价体系,完善小微企业信用信息查询、共享服务网络及区域性小微企业信用记录。引导各类信用服务机构为小微企业提供信用服务,创新小微企业集合信用服务方式,鼓励开展形式多样的小微企业诚信宣传和培训活动,为小微企业便利融资和健康发展营造良好的信用环境。

(四)推动创新示范。

地方信用建设综合示范。示范地区率先对本地区各部门、各单位的信用信息进行整合,形成统一的信用信息共享平台,依法向社会有序开放。示范地区各部门在开展经济社会管理和提供公共服务过程中,强化使用信用信息和信用产品,并作为政府管理和服务的必备要件。建立健全社会信用奖惩联动机制,使守信者得到激励和奖励,失信者受到制约和惩戒。对违法违规等典型失信行为予以公开,对严重失信行为加大打击力度。探索建立地方政府信用评价标准和方法,在发行地方政府债券等符合法律法规规定的信用融资活动中试行开展地方政府综合信用评价。

区域信用建设合作示范。探索建立区域信用联动机制,开展区域信用体系建设创新示范,推进信用信息交换共享,实现跨地区信用奖惩联动,优化区域信用环境。

重点领域和行业信用信息应用示范。在食品药品安全、环境保护、安全生产、产品质量、工程建设、电子商务、证券期货、融资担保、政府采购、招标投标等领域,试点推行信用报告制度。

(五)健全组织保障。

完善组织协调机制。完善社会信用体系建设部际联席会议制度,充分发挥其统筹协调作用,加强对各地区、各部门社会信用体系建设工作的指导、督促和检查。健全组织机构,各地区、各部门要设立专门机构负责推动社会信用体系建设。成立全国性信用协会,加强行业自律,充分发挥各类社会组织在推进社会信用体系建设中的作用。

建立地方政府推进机制。地方各级人民政府要将社会信用体系建设纳入重要工作日程,推进政务诚信、商务诚信、社会诚信和司法公信建设,加强督查,强化考核,把社会信用体系建设工作作为目标责任考核和政绩考核的重要内容。

建立工作通报和协调制度。社会信用体系建设部际联席会议定期召开工作协调会议,通报工作进展情况,及时研究解决社会信用体系建设中的重大问题。